EMPRENDER E INNOVAR EN EL MUNDO RURAL

Miguel Ángel Molinero

Prólogo de Íñigo Sáenz de Miera

EMPRENDER E INNOVAR EN EL MUNDO RURAL

MADRID | CIUDAD DE MÉXICO | BUENOS AIRES | BOGOTÁ
LONDRES | SHANGHÁI

LID EDITORIAL

A member of:

businesspublishersroundtable.com

© Miguel Ángel Molinero Espadas, 2025
© Íñigo Sáenz de Miera 2025, del prólogo
© Editorial Almuzara S.L. 2025, de esta edición

Editorial Almuzara S.L.
Parque Logístico de Córdoba, Ctra. Palma del Río, Km 4, Oficina 3
14005 Córdoba
www.almuzaralibros.com
www.LIDeditorial.com

EAN-ISBN13: 978-84-10221-95-6
Directora editorial: Laura Madrigal
Editora de mesa: Paloma Albarracín
Corrección: Paloma Albarracín
Maquetación: www.produccioneditorial.com
Diseño de portada: Juan Ramón Batista
Impresión: Liberdigital
Depósito legal: CO-1887-2025

Impreso en España / Printed in Spain

Primera edición: octubre de 2025

Te escuchamos. Escríbenos con tus sugerencias, dudas, errores que veas o lo que tú quieras. Te contestaremos, seguro: *info@lidbusinessmedia.com*

Dedicado a algunos de mis referentes profesionales ya fallecidos: Germán Serrano, Antonio Sáenz de Miera, Paco Díaz y José María Ballester.

A mis padres, que me transmitieron gran parte de los valores clave de mi vida; a mis hijos, y, en particular, a Carmen, mi esposa, que me acompañan con paciencia en el itinerario profesional que he elegido recorrer.

También quiero dedicarlo especialmente a mi hermano y padrino, Luis Molinero Espadas, que falleció el 12 de agosto de 2025. Él siempre representó para mí el equilibrio y la mesura, y en él vi la admirable capacidad de navegar por las aguas más turbulentas del negocio familiar.

Índice

Agradecimientos 9

Prólogo de Íñigo Sáenz de Miera 11

Prefacio 13

1. **Motivación emprendedora** 19
    1. Espíritu de explorador 23
    2. Escuela de emprendedores 24
    3. El poder creativo 25
    4. El compromiso social 26
    5. Narcosis por un salario fijo 27
    6. Conclusión 27

2. **La idea de negocio. Rurápolis, una noble empresa**... 31

3. **Construyendo el equipo. El explorador, el intendente y el zapador** 39
    1. Explorador 41
    2. Intendente 41
    3. Zapador 42

4. **El modelo de negocio y el entorno** 45

5. **¿Por qué no funciona mi modelo de negocio?** 55
    1. Gestación 57
    2. Niñez 59

    3. Juventud 60
    4. Madurez 60
    5. Senectud 61

 6. **Los primeros pasos. Maniota** 63
    1. Abrumados por los trámites administrativos 64
    2. ¿Podría ser útil el esquema de trabajo de los
       sandboxes para otros sectores? 65

 7. **Desarrollo de equipos y liderazgo** 69

 8. **De negocio a empresa** 75

 9. **Financiación** 83
    1. Fuentes de financiación de proyectos de
       emprendimiento 83
    2. La captación de inversión 84
    3. ¿Puedo encontrar un socio financiero para
       mi proyecto? 89

10. **Mercado global e internacionalización** 95
    1. ¿Tengo un modelo de negocio adecuado para
       la internacionalización? 98
    2. ¿Cuál debería ser el itinerario de
       internacionalización? 98
    3. ¿Cómo manejar las diferencias culturales y
       administrativas? 99

11. **Sostenibilidad en los negocios** 101
    1. ¿Es una moda la sostenibilidad en la empresa? 101
    2. Modelo SEEE 103

Conclusión 107

Notas 109

Sobre el autor 113

Agradecimientos

Este libro es fruto del tiempo compartido con emprendedores y empresarios, alumnos, jefes y colegas. A todos ellos agradezco la generosidad con la que han compartido conmigo sus experiencias vitales.

También quiero dar las gracias a mi entorno familiar, que me ha acompañado y apoyado en todos estos años con suma paciencia y generosidad.

Y, por último, quiero agradecer de forma especial a todos aquellos que han leído estas líneas y me han dado su opinión para que sean más útiles.

Prólogo

Miguel Ángel Molinero es un emprendedor, por supuesto, pero más allá de eso, es un creador. Una de esas personas que, con otros, porque no se puede crear solo, bien lo sabe él, logra que existan cosas donde no existían.

Este libro es, y no podía ser de otro modo, como él: apasionado pero realista, valiente pero precavido, seguro de sí mismo, y al mismo tiempo lleno de dudas. Y, seguro que no le importa que lo diga, muy de pueblo. Porque es sencillo, como debe ser, y porque en buena parte gira en torno al emprendimiento en el mundo rural, ese espacio tantas veces olvidado y sin embargo tan esencial para el futuro de nuestro país. Y que, como decía otro gran emprendedor rural, no está tan lejos como creemos: los que estamos lejos somos nosotros.

Una de esas personas con las que Miguel Ángel creó fue Antonio Sáenz de Miera, otro creador empedernido e incansable que se pasó la vida abriendo nuevos caminos e inventando nuevas relaciones entre personas, instituciones, empresas y territorios (por algo tituló *El Oficio de Unir* a uno de sus últimos libros). Por razones que el lector podrá adivinar fácilmente, me hace especial ilusión verle aparecer en estas páginas.

Desde la Fundación Botín hemos tenido la fortuna de acompañar —qué verbo más importante— a muchos emprendedores rurales en programas como Nansaemprende en el Valle del Nansa, o Ruralemprende en Valderredible y la Serranía de Ronda, iniciativas en las que Miguel Ángel ha desempeñado un papel fundamental. En estas iniciativas hemos conocido a personas maravillosas y hemos visto cómo ideas, aparentemente, pequeñas se transformaban en proyectos que generan empleo, fijan población y, sobre todo, devuelven ilusión a comunidades que parecían condenadas a la resignación.

El emprendimiento no es nunca un camino fácil. Pero libros como este demuestran que sí es un camino posible, y que merece la pena recorrerlo. La experiencia, el rigor y la pasión que Miguel Ángel transmite en estas páginas son un estímulo para quienes sueñan con poner en marcha sus propios proyectos.

«Si hacer fuera tan fácil como saber hacer, todas las capillas serían iglesias y todas las chabolas serían palacios», escribe Shakespeare en *El Mercader de Venecia*. Pues bien, este texto va no de saber hacer, sino de hacer, y estoy convencido de que ayudará a muchos a dar el primer paso, siempre el más difícil. Y, sobre todo, contribuirá a ensanchar la mirada sobre el valor social, económico y humano de los emprendedores, muy en particular de los emprendedores rurales, que hoy más que nunca necesitan reconocimiento y apoyo.

Íñigo Sáenz de Miera
Director General de la Fundación Botín

Prefacio

Hoy, 31 de diciembre de 2024, 61 años… la casa se ha vuelto a llenar con seis de mis siete hijos, tres de sus parejas, un gato y las visitas puntuales de familias políticas… unas Navidades intensas, algo de nostalgia y el anhelo de que el próximo año se vayan resolviendo algunos de los múltiples nudos gordianos en los que se encuentra la trama de mi vida personal y profesional.

Los estereotipos comunes asociados a una vida plena no creo que sean válidos en el caso de los emprendedores y empresarios. Si te consideras emprendedor o te planteas desarrollar un proyecto empresarial, espero que las líneas que siguen te puedan servir para reflexionar sobre lo que implica esta tarea, cuáles son algunos de los problemas a los que te enfrentarás y cómo superarlos.

Creo que todo emprendedor debería contemplar la opción de hacer escalar su negocio hasta convertirlo en una empresa de cierta dimensión. Por esta razón, incluyo en esta pequeña guía asuntos relativos a los procesos de financiación del crecimiento, la internacionalización o la sostenibilidad en el mundo empresarial.

Confío en que las experiencias y enseñanzas que trato de transmitir en el texto que sigue sirvan para impulsar vocaciones empresariales adormecidas, llevando al lector a actuar, pero siempre desde la prudencia y la responsabilidad, ya que la tarea no es nada fácil.

Redefiniendo el éxito

Escribir un artículo o un libro, no deja de ser un ejercicio de cierta presunción. Escribes un texto con el fin de dar a conocer algo que te parece valioso. Puede que te sientas erudito, bien documentado en el tema del que trate tu escrito o, al menos, pretendes influir con tu obra en los demás, en su forma de entender la realidad.

Sin falsa modestia, en mi caso, me siento un eterno aprendiz. Cada recodo de la experiencia vivida me hace reconocer y disfrutar del aprendizaje de cada nueva responsabilidad o iniciativa en la que participo. No me siento en ningún caso un erudito en la materia tratada en este documento, sino más bien un observador curioso que trata de aprender de sus propios errores.

En estas líneas pretendo transmitir algunas de las experiencias vividas en los últimos diecisiete años tratando de ayudar a que otros afronten su vida personal y profesional con una mirada nueva y, si ese es su deseo, realicen proyectos de emprendimiento de mayor o menor dimensión.

Desarrollar un negocio es más que realizar un trabajo, afecta a muchas facetas de la vida, no solo a la puramente profesional. En cierto sentido, te puedes llegar a sentir creador. Sobre todo, en los primeros momentos de la acción creativa te enfrentas al abismo del papel en blanco. ¿Por dónde empezar? Esa sensación, a unos les bloquea, a otros les apasiona.

Estas líneas pretenden recoger algunas de las enseñanzas acumuladas tras acompañar a unos cuatrocientos emprendedores y empresarios. En algunos casos tratamos de poner en marcha negocios nuevos, en otros, redefinimos negocios en funcionamiento, acometimos planes de implantación en otros países o tratamos de resolver el eterno conflicto entre familia y negocio.

Esta labor me ha permitido aprender de muchos sectores de actividad, me ha permitido adquirir o perfeccionar conocimientos técnicos, pero, lo que me parece más enriquecedor, me ha permitido compartir ilusiones, visiones y temores con personas maravillosas en diversos lugares de España y fuera de nuestras fronteras.

Seis ediciones del programa Nansaemprende en el Valle del Nansa, en Cantabria; una edición del programa Impulsa, en Montilla; dos ediciones del programa Acelera, en Córdoba; y las iniciativas de Ruralemprende, en Serranía de Ronda y Valderredible; me han permitido compartir ilusiones y anhelos con muchos emprendedores durante un total de unas cuatrocientas horas de formación y otras tantas de asesoramiento. Como mentor de la aceleradora del programa Andalucía Open Future «El Patio» he ayudado a emprendedores tecnológicos.

Paralelamente, en este periodo de tiempo, también he asistido técnicamente a más de cincuenta empresas ya en funcionamiento en planes de reestructuración, innovación o implantación exterior. A todos ellos, emprendedores, directivos y propietarios, agradezco la confianza depositada en mí abriendo sus compañías o compartiendo sus planes. Ha sido una experiencia sumamente enriquecedora de la que conservo excelentes amigos.

Casi todos ellos buscaban alcanzar éxito en sus iniciativas. La particular interpretación del término *éxito* de cada ser humano me hace reconocer que los modelos y estándares preconcebidos asociados al término son solo burdas aproximaciones.

Como suelo contar cuando hablo de mi experiencia a emprendedores, durante años dirigí empresas solventes, con jefes que me trataban bien, bien retribuido, con disponibilidad de tiempo para conciliar con la vida familiar y el ocio..., pero estaba triste, me sentía profundamente frustrado. En uno de estos momentos decidí emprender, arriesgarme, vivir en la incertidumbre, trabajar con mucha intensidad... y comencé a levantarme con alegría e ilusión... volví a vivir la actividad profesional con pasión.

Una vez cubiertas las necesidades basales de la pirámide de Maslow, los ingredientes que a cada cual le permiten afirmar que tiene una vida plena, que se puede considerar ha tenido éxito, pueden ser variados, pero en pocas ocasiones responden a los que habitualmente nos transmite como más relevantes el entorno social (dinero, seguridad, certidumbre, comodidad...).

Entristece ver a tantas personas frustradas de por vida persiguiendo un sueño que nunca llega a completarse y se han perdido la maravilla del itinerario vital.

Este documento pretende ser también un homenaje a todos aquellos con los que me he relacionado profesionalmente y como docente. Hombres y mujeres que arriesgan su patrimonio y ponen en juego incluso su salud dando respuesta a un motor interno que los lleva a vivir y actuar como locomotoras de la sociedad, no conformándose con actuar como piezas de un engranaje sino tratando de ser protagonistas de su vida.

Me cuesta mucho admitir y creo que es una visión profundamente injusta, que se pretenda criminalizar al empresario como, desafortunadamente, hacen determinados líderes de opinión en nuestro país.

Las personas que se arriesgan y desarrollan un negocio son el verdadero motor económico de la sociedad. Las políticas públicas redistributivas estarán más o menos justificadas, mejor o peor gestionadas, pero, en cualquier caso, no dejan de ser mecanismos de reparto del valor añadido que generan las empresas[1] gracias a la propia actividad empresarial.

Siempre me pregunto por qué hay territorios en los que los ciudadanos tienen más iniciativa emprendedora. Parece como si la geografía o el clima influyesen en la propensión a emprender. Sí, creo que hay un claro componente cultural. La iniciativa emprendedora de unos estimula la de sus conciudadanos. El Valle de Liébana es uno de estos territorios en los que parece que el emprendimiento florece de forma natural, quizá sea la protectora reliquia de Santo Toribio.

En el texto que sigue, junto con experiencias y recuerdos de las numerosas jornadas de trabajo con emprendedores y los momentos compartidos en los momentos de descanso, en las cenas o tomando un orujo, trataré de extraer y presentar algunas enseñanzas y reflexiones basadas en la experiencia. Rescataré también alguno de los artículos del blog *Innovación para mortales,* en los que he pretendido tratar en los últimos diez años algunos de los temas que más me preocupan de la gestión empresarial y que he comprobado que pueden suponer el éxito o fracaso de un negocio: el liderazgo, la financiación, la innovación...

Trato de trufar el texto con ciertos toques de humor. La vida y los negocios son más llevaderos con humor, además está demostrada la relación de este con la longevidad, así con la lectura de este texto, pretendo contribuir al bienestar y salud de mis lectores.

Por último, tras algunas sugerencias, he tratado de dar coherencia interna al texto siguiendo una secuencia lógica frecuentemente seguida por muchos emprendedores y empresarios:

Cuadro P.1 Itinerario de creación y desarrollo empresarial

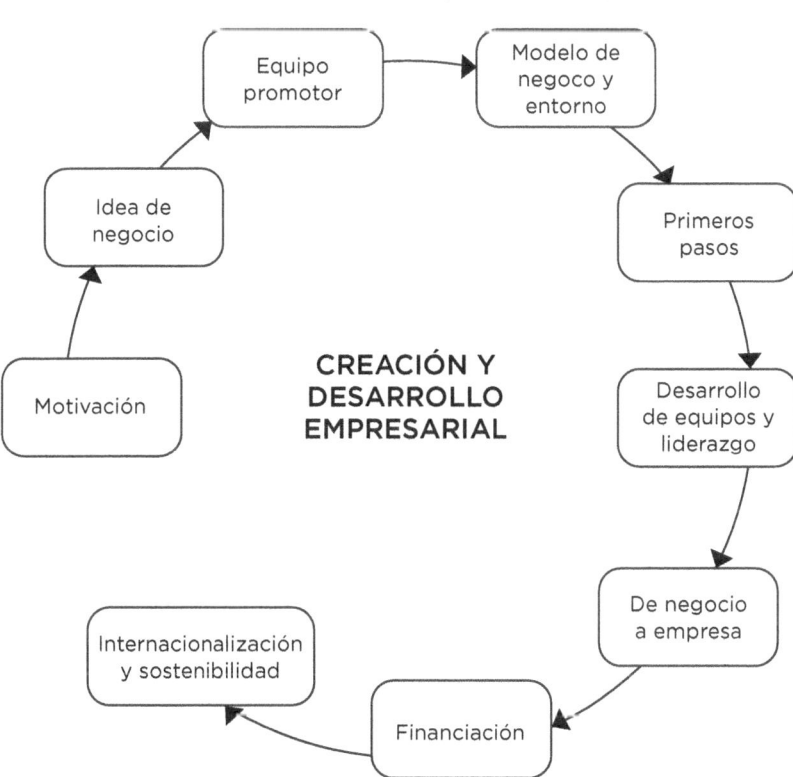

- Motivación para emprender.
- La idea de negocio.
- El equipo promotor.
- El modelo de negocio y el entorno.

- Los primeros pasos.
- Desarrollo de equipos y liderazgo.
- De negocio a empresa.
- Captación de financiación, compra y venta de empresas.
- Mercado global e internacionalización.
- Sostenibilidad en los negocios.

Gracias, querido lector, por invertir algo de tiempo en conocer mi visión sobre el emprendimiento. Espero que las reflexiones y situaciones descritas le sirvan para analizar su propio itinerario y tomar mejores decisiones.

1
Motivación emprendedora

«Si trabajas en algo que te gusta y te apasiona,
no necesitas tener un plan maestro de cómo
hacer las cosas: sucederán».
— Mark Zuckerberg

Cada vez que comienzo uno de mis programas de formación de emprendedores, me gusta observar cómo afrontan la experiencia los participantes. Algunos han vivido experiencias de emprendimiento previas y saben a qué se enfrentan, otros vienen con algunos pájaros en la cabeza sobre la vida del emprendedor, pero la mayoría son conscientes de que se embarcan en una aventura de cuatro o cinco meses de trabajo intenso para tratar de aterrizar una idea de negocio o para redefinir y evaluar una iniciativa de diversificación en sus negocios en funcionamiento.

En 2010, tomé contacto con la Fundación Botín, reputada entidad con múltiples programas de interés general impulsada por la familia Botín. Entre sus iniciativas, el programa Patrimonio y Territorio, hábilmente dirigido por José María Ballester[1], desarrollaba en aquel momento un valiosísimo trabajo de desarrollo territorial en el Valle del Nansa, que contaba con la participación de un nutrido grupo de especialistas que trabajaban en el diseño y ejecución de un plan de acción para el desarrollo de una de las zonas más desfavorecidas de Cantabria.

Mi papel se concretó en ayudar en el procedimiento de ejecución del propio plan y en los mecanismos de control de este, pero, a poco que conocí las acciones propuestas y recordando mi trabajo en los pueblos de Granada, eché en falta alguna acción que impulsara el emprendimiento local.

Tras realizar una primera propuesta a la dirección de la Fundación que contó con cierto rechazo de algunas instituciones cántabras, finalmente, tanto la dirección del programa como la dirección de la fundación depositaron en mí y en mi empresa la suficiente confianza como para emprender un itinerario, quizá un poco incierto, de apoyo a emprendedores que, tras seis ediciones en el Valle del Nansa y réplicas en otros territorios de España, ha dado notables frutos en términos de empresas, empleos y alternativas profesionales[2].

Muchas ilusiones protagonizadas por hombres y mujeres inquietos de nuestras zonas rurales pasaron por aquellas primeras ediciones del programa de apoyo a emprendedores rurales. Mi misión en los primeros pasos que damos juntos es ayudarles a afrontar el reto de emprender con realismo e ilusión. Afrontamos jornadas duras y apasionantes y han de ser conscientes que su vida, al menos en el ámbito profesional, puede cambiar.

Siempre recordaré cómo resoplaba Isabel las primeras veces que se enfrentaba a un balance, o las risas cuando aprendemos a identificar cuellos de botella montando un avión de papel... Sin duda, el proceso de aterrizar una ilusión, una idea para vislumbrar si puede ser una forma de vida, es un proceso apasionante, así lo he vivido yo y creo que la mayoría de nuestros emprendedores. Nos hemos dejado la piel en el camino, viajes, sesiones intensas y extensas de trabajo, pero sin género de dudas, una aventura enriquecedora en lo humano y en lo profesional.

También es preciso valorar la visión y compromiso de la Fundación Botín con el territorio y del que en aquellos años era su presidente, D. Emilio Botín.

Un gran amigo, exdirectivo del Banco Santander, me recordó el episodio vivido por un colega del banco en uno de los encuentros de la dirección del banco en el Valle del Nansa en el que participó D. Emilio y durante el cual, interrumpió la visita institucional para visitar una pequeña agencia y charlar con el titular de esta. Se informó de lo que estaba haciendo la fundación en el Valle y supo de primera mano, en boca de los residentes, sobre el impacto de Nansaemprende. Visitó a la ganadora de una de las ediciones que le regaló unos panes artesanales y, ya de regreso, paró la comitiva oficial para compartir aquellos excelentes panes con los responsables de la oficina de representación del banco.

Sesión de trabajo en Nansaemprende.

El desarrollo siempre es fruto del trabajo y sensibilidad de personas que cuidan los detalles y saben poner foco en las personas.

Cuando damos estos primeros pasos en los programas de apoyo a emprendedores y veo sus caras, me pregunto: ¿son conscientes de lo que implica emprender?

Hace algún tiempo compartí un vídeo que me envió un amigo y que ilustraba la descarnada realidad del emprendedor: presión de los clientes, presión de los competidores, presión de los proveedores, incomprensión de la sociedad ante el éxito o el fracaso...

1844 visualizaciones, 51 recomendaciones y 8 comentarios en 4 días, me hicieron verificar que lo que en él se describía era cierto. El itinerario del emprendedor está plagado de riesgos e incertidumbres, aunque raramente somos verdaderamente conscientes de ello cuando pensamos montar un negocio.

Tanto si el negocio va bien como si el negocio va mal, el emprendedor suele ser criticado. Algunas de las expresiones más frecuentes son: «Se ha embarcado en más de lo que podía... ¡Es un irresponsable!», o... «¡A saber qué habrá tenido que hacer para que le vaya tan bien!».

Cuando reflexionas sobre las situaciones que solemos vivir todos los emprendedores del mundo, piensas que nadie en su sano juicio puede querer una vida así, sin embargo, algunos inconscientes la hemos adoptado de forma voluntaria.

No me refiero a la puesta en marcha de un negocio porque no tienes trabajo y no hay otra salida profesional, o cuando un inversor trata de aplicar recursos ociosos para obtener mayor rentabilidad que la que le puede dar el banco o los fondos de inversión, me refiero a aquellas personas que, partiendo de una situación profesional estable, toman la decisión de dejar todo y emprender un negocio, a veces, sin una idea muy clara de lo que hacer y, en general, con pocos recursos. Algo así tuvo que experimentar Cristóbal Colón antes de partir para su aventura. ¿Qué atractivo puede tener la acción de emprender en sí para hacernos superar las barreras económicas o emocionales?

Una evidencia empírica. Llevo trabajando 34 años[3]. En los primeros 17 años trabajé en 7 organizaciones distintas de 5 sectores de actividad con un itinerario de creciente responsabilidad, retribución y reconocimiento. Todas las organizaciones por las que pasé las dejé por decisión propia. En los últimos 17 años he trabajado para una organización (mi empresa). Todos los días quiero salir corriendo... pero, hasta ahora, nunca lo he hecho a pesar de haberme hecho interesantes ofertas de trabajos por cuenta ajena.

¿A qué responde este extraño patrón de comportamiento? ¿Qué puede cambiar en el individuo para tomar en un determinado momento la decisión de emprender partiendo de tener un puesto de trabajo fijo y bien retribuido? ¿Se pueden reproducir las condiciones de un trabajo de emprendedor en un trabajo por cuenta ajena? ¿Qué deberían hacer las organizaciones para retener profesionales que tienen esta especie de virus inoculado para que se sientan igual de satisfechos trabajando para otros que trabajando para ellos mismos? ¿Merece la pena tener fichados a emprendedores en una organización?

Estas son algunas de las cuestiones que muchas veces me pregunto y con las que cuestiono a los participantes en las sesiones de los programas de formación de emprendedores en los que participo y a los empresarios que asesoro. El propósito es ayudarles a reflexionar sobre su perfil motivacional y las implicaciones de emprender antes de iniciar la aventura o, para el caso de empresarios, ayudarles a aprovechar la iniciativa emprendedora por parte de las personas que trabajan por cuenta ajena para ellos.

Son muchas las voces cualificadas que arguyen que nuestra sociedad necesitaría más emprendedores, sin embargo, para que alguien inicie ese incierto itinerario, se han de superar notables dificultades y bloqueos personales, el primero, el miedo a lo desconocido.

1. Espíritu de explorador

Recuerdo perfectamente aquella extraña sensación en el estómago cuando barruntaba en mi cabeza si poner en marcha algo por mi cuenta mientras tenía garantizado un sueldo todos los meses en un trabajo relativamente cómodo y, por tanto, dejaría de tener asegurado nada. ¿Hay mecanismos para afrontar estos miedos?

La experiencia me ha demostrado que tan pronto das el primer paso para salir de la famosa zona de confort, comienza un proceso de aprendizaje que estimula nuevas salidas. Te dices a ti mismo, ¡no fue tan grave!, ¡nada malo me pasó! A medida que se hacen más frecuentes estas salidas, tienes menos miedo de volver a salir.

Creo que hay situaciones personales que favorecen esta propensión a explorar fuera de aquellos territorios personales y profesionales que conoces. Viajar fuera, realizar algún programa de formación, tener interés en conocer otras personas y culturas, pienso, estimula esta actitud del explorador. Creo que el programa Erasmus, además de ayudar a parte de la población a desarrollar ciertas habilidades lingüísticas, ha estimulado en muchos jóvenes este deseo de exploración fuera de la zona de confort.

Sin embargo, partiendo de la experiencia propia y de muchos de mis alumnos, en ocasiones hay que poner ciertas limitaciones y salvaguardas al espíritu aventurero. Preservar el patrimonio personal y familiar, cuidar las relaciones personales y especialmente las relaciones con la familia más cercana, no obsesionarse con el negocio y perder la capacidad de aprendizaje de los errores reconocidos, son algunas de las salvaguardas que han de tenerse en cuenta para embridar nuestro espíritu de explorador.

Fernando Trías de Bes, en *El libro negro del emprendedor*[4], aporta valiosas reflexiones sobre el proceso de emprender y las implicaciones que este tiene.

2. Escuela de emprendedores

Ser formador de emprendedores y asesor empresarial, me ha permitido conocer cientos de personas con la intención de poner en marcha su propio negocio o reconducir uno ya existente. Pienso que estos programas pueden formar a los participantes en las técnicas útiles para poner en marcha y gestionar un negocio, pero en raras ocasiones son útiles para capacitar a los participantes en la gestión de los aspectos personales relacionados con el proceso de emprender. La correcta gestión de las emociones propias, los mecanismos para afrontar las crisis personales, cómo gestionar las relaciones con socios, trabajadores, clientes... son algunas de las habilidades que han de estar presentes en el día a día del emprendedor y, desafortunadamente, no son cosas que se puedan aprender en manuales.

A emprender se aprende emprendiendo, valen de poco los consejos y los manuales.

Consecuencia obvia de esta reflexión es que raramente pueden formar adecuadamente en el proceso de emprender personas que nunca hayan emprendido, que nunca se haya jugado los cuartos en poner en marcha un negocio, que hayan percibido las mariposas en el estómago sin saber si podrían pagar los seguros sociales, a sus trabajadores...

> **(i)**
> **Serendipia.** Hallazgo valioso que se produce de manera accidental o casual.

En pocas ocasiones me he encontrado con emprendedores que tengan claras e inequívocas respuestas a la pregunta; ¿cuáles son tus objetivos? Yo diría que la tarea de emprender tiene algo de búsqueda permanente de objetivos que alcanzar. Tengo buenos amigos, empresarios reputados que, tras más de treinta años gestionando sus negocios, siguen viviendo esa realidad existencial bien descrita en la frase «descubre que la meta es el camino». En este itinerario de permanente búsqueda que parece viven los emprendedores es necesaria una cierta capacidad de descubrimiento de esos hallazgos valiosos (serendipia) a veces en forma de nuevo producto o servicio, hueco comercial, aliado estratégico, etc.

Para ello es preciso tener los ojos y la mente bien abiertos, y tener la humildad de renunciar a ideas preconcebidas y aceptar nuevas visiones e ideas.

3. El poder creativo

Cuando reflexiono sobre lo que más les gusta a los emprendedores vocacionales, creo que es sentir la capacidad de crear, de construir algo distinto gracias al esfuerzo y la pericia, y la capacidad de decidir de forma relativamente autónoma asumiendo riesgos. Estas son dos de las preferencias más frecuentes.

Esto creo que tiene que ver con la tensión creativa en la que buscan vivir permanentemente los emprendedores vocacionales. Son muchos los emprendedores convertidos en empresarios que estimulan esta tensión en sus organizaciones. Uno de ellos una vez me dijo: «cuando no tenemos crisis, tenemos que provocarla», asumiendo el supuesto significado chino del término crisis[5].

Lo importante en estos entornos es que la crisis forzada no se quede en eso, una crisis, sino que de pie a un proceso de mejora.

He conocido a excelentes emprendedores y empresarios. Un común denominador de todos ellos es experimentar permanentemente un cierto inconformismo, un deseo profundo de cambiar las cosas, de evolucionar.

Esta característica personal, sin duda, puede ser un relevante motor de emprendimiento e innovación, pero en ocasiones puede llevar a la parálisis. Decía un buen amigo: «Lo mejor es enemigo de lo bueno».

4. El compromiso social

La generosidad suele ser un ingrediente útil en los procesos de emprendimiento. Vivir frecuentemente situaciones en las que tienes la sensación de darlo todo recibiendo muy poco a cambio y mantenerte ahí, pagar salarios, a veces a colaboradores que no se los ganan, pagar impuestos sin tener claro que su destino sea el más adecuado, etc. implica una actitud de compromiso con los demás, en cierto sentido, *amor*[6] hacia los otros.

No podemos forzar tener una actitud de amor hacia los demás, no es algo que nos podamos empeñar en alcanzar por nuestra parte. Creo que esa actitud es fruto de la gratitud. Ante esa sensación de que disfrutamos de grandes oportunidades, muchas de ellas no buscadas, en la mayor parte de las personas surge la gratitud, que suele ser la semilla de la generosidad. La inmensa mayoría de seres humanos tenemos razones para estar agradecidos, el problema es que muchas veces no tenemos capacidad de verlo y muy pocas veces lo hacemos explícito.

Según me informaron recientemente, al parecer, hay evidencias científicas de la relación entre manifestación de la gratitud y estado físico. Es de bien nacidos ser agradecidos, reza el refrán español. Comenzar nuestra jornada con una reflexión profunda sobre las razones para estar agradecidos y hacerlas explícitas, podría ser una excelente gasolina emocional en la jornada de todo emprendedor.

5. Narcosis por un salario fijo

Creo que nadie se libra de este mal que aqueja a muchos profesionales y organizaciones. Cuando recibes regularmente tu salario a fin de mes, como decía un directivo que conocí, «llueva o ventee», los riesgos de adormecer la tensión creativa son altos. La reciprocidad que supone el salario en relación con el valor que se aporta a una organización, en muchos casos no se percibe. El salario se asume como un derecho de unos y una obligación para otros, independientemente de que lo que hago genere valor o lo destruya (que algunos profesionales tienen la dudosa habilidad de destruir valor).

No cuestiono la legitimidad de la obtención de un determinado salario por un trabajo realizado, sino que creo que sería más justo y útil para todos, relacionar el salario con el valor generado, ya que con demasiada frecuencia se hacen trabajos que no aportan valor y en el peor de los casos lo destruyen.

El emprendedor no suele verse aquejado por esta narcosis, más bien, suele instalarse en la terca realidad de que, si no vende con margen y cobra, no puede llevar el sustento a su casa.

6. Conclusión

El mundo del emprendimiento no es un mundo ideal, pero creo que en todas las organizaciones deberíamos de aprender e incorporar algo de este para generar entornos de alto rendimiento, similares a los que se dan en proyectos de emprendimiento exitosos.

> (i) La tarea del emprendedor tiene mucho que ver con la capacidad de descubrir. Por tanto, tener una actitud abierta al aprendizaje permanente, al descubrimiento, al desarrollo de nuevas vías de avance... son de mucha utilidad.

No creo que los emprendedores seamos héroes. No se puede considerar admirable para un guepardo alcanzar la velocidad de 80 kilómetros por hora, va en su naturaleza, igual que para el emprendedor, emprender está en su naturaleza.

Para evaluar tu potencial emprendedor y descubrir si ese es tu camino en este momento, te sugiero que realices la siguiente prueba:

Contesta con sinceridad si tu posición es afirmativa, negativa o neutra en relación con las siguientes frases:

- Me incomodan, e incluso me bloquean, las situaciones de incertidumbre.

- Me gusta trabajar en entornos en los que todos los pasos a dar están muy claros.

- Tengo dificultades para idear iniciativas y actividades distintas de las habituales.

- No deseo vivir situaciones de riesgo profesional.

- No tengo gran inquietud por generar alternativas a las habituales ante las necesidades y preferencias de las personas que me rodean.

- Me cuesta trabajo mantenerme constante en una línea de trabajo.

- Cuando tengo un fallo o me equivoco, suelo venirme abajo y me cuesta trabajo superarlo.

- Prefiero recibir indicaciones y ajustarme a lo que otros me dicen en el entorno profesional.

- Cuando pienso en mi futuro, suelo preocuparme y en muy pocas ocasiones lo percibo como una fuente de oportunidades.

- No suele haber actividades que me generen especial entusiasmo y retengan mi atención a largo plazo.

Si más de cinco de las afirmaciones precedentes responden con total rotundidad a tu forma de ser, es probable que, en el momento actual, el itinerario del emprendimiento no sea el que mejor se ajuste a tu personalidad.

No obstante, como emprender implica salir de la zona de confort hacia un territorio de aprendizaje, si lo deseas puedes continuar la lectura de los siguientes capítulos. Quizá, al finalizar esta obra y volver a repensar tu actitud ante las afirmaciones previas, esta haya cambiado.

Si es así, estaré encantado de conocer tu historia y saber qué te ha podido hacer cambiar de opinión.

2
La idea de negocio. Rurápolis, una noble empresa

Cuando estudiaba Ingeniería Agronómica no podía intuir que la vida y la profesión me llevarían por los singulares senderos por los que he ido transitando en los más de treinta años de vida profesional. Me siento un afortunado por todo lo vivido y creo de pura justicia compartir con humildad y generosidad algunas enseñanzas y aprendizajes, algunos de ellos incluso dolorosos.

La decisión de estudiar esa carrera estuvo impulsada por la simple afirmación: «me gusta el campo», si bien debería haber dicho en aquel momento, porque «me gusta la bucólica idea que tengo del campo». La realidad, la cruda realidad del campo y de la agricultura hoy, hacen de esta una actividad casi para héroes que suelen andar permanentemente en el filo de la navaja. Climatología, políticas supranacionales, costes de producción, dificultades comerciales... hacen de la actividad de agricultores y ganaderos una actividad profesional de alto riesgo. Creo que nuestra sociedad no es consciente de la importancia de la labor de agricultores y ganaderos en aspectos tan relevantes como abastecernos de alimentos de calidad a precios razonables y en el mantenimiento de las zonas rurales.

Sin embargo, a pesar de que mi intención profesional, fue en aquel momento, a finales de los ochenta, trabajar para agricultores y ganaderos directamente, las oportunidades surgieron en otro lugar.

Con mi proyecto ya defendido y, por tanto, con los papeles debajo del brazo, solo con una semana de antigüedad en mi inscripción al INEM[1], me llamaron para ocupar un puesto de ingeniero agrónomo (¡era el único ingeniero agrónomo en paro de la provincia de Granada!).

La Fundación Empresa Universidad de Granada constituiría con el apoyo de diversas instituciones una serie de equipos técnicos para tratar de poner en marcha proyectos empresariales en el ámbito geográfico correspondiente a la demarcación de la Universidad de Granada en aquellos momentos, esto es, Granada, Almería, Jaén, Ceuta y Melilla.

Germán Serrano fue mi primer jefe en aquella organización de la que hasta aquel momento no había oído absolutamente nada. Germán, funcionario de la Administración General del Estado que llegó a alcanzar cierto nivel de responsabilidad, era una persona inquieta, algo inconformista, con ganas de influir en la sociedad desde sus convicciones de justicia y equidad. Tenía buena relación con las fuerzas vivas de Granada y fue fácil conocer de primera mano la realidad de las zonas rurales de la provincia.

Aquel primer trabajo en contacto con responsables de muy diversas organizaciones relacionadas con el desarrollo socioeconómico de la provincia de Granada, me hizo conocer de primera mano los absurdos conflictos institucionales que paralizan acciones que podrían ser efectivas. Egos, conflictos competenciales, prejuicios, pugnas políticas... se erigían como obstáculos difíciles de superar para alcanzar el objetivo común, contribuir al desarrollo económico de Granada. Trabajábamos en una especie de campo de minas y dependiendo de dónde pisaras, las consecuencias podrían ser lamentables.

Debíamos de hacer un buen trabajo... pero no demasiado bueno que eso dejaba con el culo al aire a otros. Tampoco podíamos hacernos notar demasiado y, por supuesto, al ser una organización privada, aunque orientada al interés general, deberíamos subordinar nuestra iniciativa a los intereses políticos del momento.

Mientras, los pueblos perdían población, oportunidades e ilusión... ¡cuánta mediocridad!

Estoy convencido de que, si dejáramos de pisarnos los cordones, nos iría mucho mejor en las zonas rurales. Creo que es posible, lo he visto en algunos lugares a lo largo de mi trayectoria profesional.

Muchos kilómetros, muchos alcaldes, alcaldesas y concejales, muchos emprendedores en los pueblos del territorio de actuación. El equipo técnico de la fundación, inicialmente compuesto por ocho profesionales de diversas disciplinas, trabajó durante tres años en la identificación y evaluación de oportunidades, granjas de porcino o aves, plantaciones de cerezo, extracción de minerales para diversos propósitos, centros de esquí de travesía... nos permitieron poner en juego los conocimientos adquiridos, imaginación y capacidad de relación para impulsar los proyectos.

Sin duda, aquella experiencia de relación directa con el mundo rural en la provincia de Granada, con sus gentes y su realidad marcó mi futuro profesional, si bien, quedó larvada durante mucho tiempo y afloró muchos años después.

Ampliar mi formación en dirección de empresas supuso el trampolín que me ayudó a fichar en primer lugar por la Fundación Universidad Empresa de Madrid, posteriormente dirigir un grupo empresarial del sector del mueble en Sevilla, más tarde dirigir otro grupo empresarial que opera en el sector agroalimentario, en hostelería y en ocio radicado en Huelva y, finalmente, a trabajar dirigiendo un proyecto de lanzamiento internacional de una empresa cordobesa del sector textil y participar en la implantación de esta en China.

Trece años trabajando en posiciones de dirección general en sectores muy diversos y en entornos culturales y organizaciones distintas, pero que compartían un denominador común: eran empresas familiares. Alguna muy internacionalizada con presencia en más de sesenta países, pero, al fin y al cabo, empresas familiares, como el noventa por ciento de las empresas españolas[2].

Guardo muy grato recuerdo de todos los que fueron mis jefes. Les estoy profundamente agradecido. Ellos depositaron mucha confianza en mí y de ellos tuve grandes enseñanzas como:

- Alinear tres visiones estratégicas complementarias del negocio, superando los egos personales en una sociedad con tres propietarios.

- Trabajar en el siempre difícil proceso de sucesión a la siguiente generación con paciencia y mucho conocimiento.

- Identificar y explorar con constancia y esfuerzo oportunidades en un sector altamente globalizado.

Estas podrían ser las tres grandes enseñanzas vividas en las posiciones al frente de grupos empresariales en sectores de alta competencia.

A los empresarios a los que presté mis servicios como directivo, alguno desafortunadamente fallecido, estoy inmensamente agradecido y sé que estoy en deuda con todos ellos.

Los años de directivo por cuenta ajena fueron años de alta responsabilidad, buena retribución y orden en mi actividad profesional..., pero algo, un duende interior, me decía que no era verdaderamente lo que yo quería, lo que anhelaba desde el fondo de mi ser en el campo profesional.

¡No sé si hay otros muchos con esta misma sensación! Los indicadores usados habitualmente para identificar una situación laboral satisfactoria (sueldo, horario, reconocimiento) no dan respuesta a tus anhelos más profundos. Un deseo de hacer cosas siguiendo tu propio criterio, tu capacidad, tu potencial, tu imaginación, puede ser un poderoso motor para dar el salto.

Mi primer emprendimiento formal fue Rurápolis. Empresa puesta en marcha con otros tres colegas vinculados con la escuela de negocios que nos formó. Si bien Rurápolis estaba constituida desde

2005, tras el intento de que fuera una comercializadora de productos *gourmet*, la dejamos sin actividad hasta que, en 2008, con 44 años, me dije: «¡Retomo yo el proyecto! ¡Se me va a pasar el arroz si no lo hago ahora!». «Es el momento, tengo el conocimiento, la red de contactos, un lugar donde organizar la logística para preparar los envíos de productos agroalimentarios...».

Cuando Carmen, mi esposa, fue a darme de alta como autónomo, el funcionario la miró por encima de las gafas y le dijo: «Señora, ¿usted no quiere ver más a su marido?».

Así es, cuando emprendes un proyecto empresarial propio, te casas con la empresa. Te levantas con el negocio, todo el día trabajas para él y al llegar la noche te lo llevas a la cama.

Soy consciente de que esto no debería ser así, pero cuando se trata de proyectos de emprendimiento de pequeña dimensión, con un reducido equipo, que surgen de tu creatividad, suele ser así, lo he visto en decenas de emprendedores con los que he trabajado en estos años.

Así, en febrero de 2008 (justo al empezar la gran crisis, en el mejor momento), abandoné la tranquilidad de un trabajo por cuenta ajena en una empresa solvente que me retribuía muy bien, y le dije a mi jefe: «Quiero ser empresario, dejo la empresa». Él me dijo: «¡Estás tonto!».

Pero, en cualquier caso, todo fueron facilidades. Aún somos amigos y sigo colaborando con su empresa tratando de ayudarle en lo que está en mi mano.

Pasar de ser cola de león a cabeza de ratón puede tener sentido, pero pasar de una posición reconocida, compensada económica y socialmente a iniciar una iniciativa propia que nadie conoce requiere un punto de humildad y temeridad. Algunas personas que te admiran, reconocen y adulan, dejan de repente de tenerme en consideración.

He de reconocer que tener que remangarme en las operaciones, búsqueda de proveedores, búsqueda de clientes, organización de pedidos, gestión administrativa a todos los niveles... no supuso algo muy duro para mí, estuvo totalmente compensado con la libertad de tomar mis propias decisiones, no tener que depender del criterio de otros.

No obstante, el negocio de la comercialización de productos gourmet no acababa de funcionar. Los costes logísticos, la gestión de los lotes mínimos de pedido, la estacionalidad de las ventas dificultaba la viabilidad de esa línea de negocio.

Afortunadamente, la experiencia previa en gestión me permitía ofrecer servicios de consultoría de apoyo a la dirección de empresas de diversos sectores y tener buena interlocución con instituciones para ofrecer servicios de planificación estratégica, que fueron bien recibidos y me facilitaron el tránsito de la seguridad de un sueldo fijo todos los meses a buscarme la vida por mi cuenta.

El tiempo me ha hecho reconducir la actividad y oferta de servicios de la idea inicial de comercialización de productos gourmet a otros ámbitos como la prestación de servicios de asesoramiento en estrategia, innovación, comercialización, etc.

Durante algún tiempo, definía el modelo de negocio de Rurápolis como la única consultora en planificación y estrategia que vende chorizos. Sin duda, desconcertaba a los potenciales clientes.

A raíz de la idea de negocio inicial de Rurápolis hemos podido redefinir la actividad en el campo de la prestación de servicios para empresas y emprendedores y apoyo al desarrollo de proyectos de innovación y emprendimiento en el medio rural mediante la formación y el acompañamiento de emprendedores.

(i) No te enamores demasiado de tu idea de negocio. Es muy probable que tengas que redefinirla o, incluso, descartarla por otras ideas con mayor viabilidad.

Para poder saber si un negocio funciona de verdad, hay que involucrarse para conocer muy bien todas las claves de este: dedica tiempo, conocimiento, interacciona con otros...

Una parte importante de nuestra actividad actual se centra en el apoyo a las zonas rurales. Esa espinita clavada en mi corazón desde mis primeros pasos profesionales, cuando padecía la ineficiencia institucional, la mayoría de las veces por motivos aparentemente absurdos.

Hace unos años un conocido especialista en innovación me dijo: «Las zonas rurales no tienen futuro. La gente quiere vivir en Madrid, Barcelona, Nueva York...».

No creo que ninguna sociedad deba asumir esta visión de forma resignada. Implica abandonar emocional y técnicamente a una parte relevante de la población y a una inmensa mayoría del territorio.

Cultura, patrimonio, medioambiente, alimentos... están en riesgo.

Todos perderemos con la degradación de los territorios rurales.

Creo que uno de los mejores mecanismos para identificar nuestra idea de negocio es buscar en nuestro pasado aquello que nos apasiona, aquellas actividades a las que estamos dispuestos a dedicar tiempo y entusiasmo.

En mi caso, mi vocación por el campo y mis primeras experiencias profesionales en desarrollo rural han determinado gran parte del modelo de negocio de la empresa.

En el itinerario de aprendizaje, tuve que renunciar a la idea original, pero pude descubrir un mundo apasionante ayudando a emprendedores y empresarios que desean desarrollar su actividad en el entorno rural. Me siento un verdadero privilegiado al compartir sus inquietudes y, desde la experiencia y el respeto, acompañarlos en el camino de hacer realidad sus sueños.

Si tienes una idea de negocio, te sugiero que realices el *test online* que hemos diseñado para los emprendedores que están dando sus primeros pasos.

Puedes acceder a él en: https://www.innohelp.es

En este test podrás evaluar:

- El modelo de negocio y el sector.
- El equipo promotor.
- Los recursos.

Las cuestiones que se plantean en el test te ayudarán a reflexionar sobre algunos de los aspectos que deberás trabajar antes de dar el primer paso.

3
Construyendo el equipo. El explorador, el intendente y el zapador

Siempre me ha interesado la gestión de la innovación. He tenido interés por conocer cómo se pueden organizar los recursos para poder desarrollar nuevos productos, servicios y modelos de negocio, como ocupar nuevos nichos comerciales, cambiar la sociedad.

Algunas herramientas me han convencido especialmente porque daban aparente respuesta a aquello que veía en organizaciones que yo califico de innovadoras.

Cito como alguno de los modelos que más me han inspirado el descrito por Henry W. Chesbrough, a quien tuve la oportunidad de conocer hace años cuando presentó su libro *Innovación abierta*[1] en Madrid, o el Modelo A-F de Fernando Trías de Bes y Philip Kotler descrito en el libro *Innovar para ganar*[2].

Cuando hablamos de innovación, solemos tender a relacionar el fenómeno con la adopción de tecnología, olvidando a veces que la innovación es un proceso eminentemente social, como ponen de manifiesto los modelos antes descritos. Es más, muchos procesos de adopción de tecnología no implican innovación alguna para las organizaciones en las que se producen.

Tras pasar como directivo o asesor en un relativamente alto número de organizaciones y echando la vista atrás, creo que de una de las organizaciones que considero modelo de innovación, la Fundación Universidad Empresa[3], habría mucho que aprender para la mejora de la gestión de la innovación en la empresa.

La FUE, como es llamada coloquialmente, nació en un momento convulso de la sociedad española (1973) y permitió establecer puentes de trabajo absolutamente disruptivos en aquella sociedad entre la empresa y la universidad. Los frutos de esta organización, en más de cincuenta años de existencia, han sido impresionantes. El aparente caos creativo que, según mi percepción, envolvía a esta organización en los años noventa era un fértil campo de maniobras en el que florecían iniciativas que pretendían resolver problemas de aquella sociedad tratando de seguir el principio de la subsidiariedad.

Con frecuencia, la sensación era de plantear retos que aún no eran explícitos ni reconocidos por la sociedad ni por sus organizaciones representativas, pero que serían los que permitirían hacer avanzar a la sociedad. Como dice de forma magistral Xavier Marcet, «ir medio paso por delante de los clientes, ni más ni menos».

Este enfoque, basado en la anticipación y en la detección precoz de necesidades, es sumamente útil para trabajar una idea de negocio. La FUE abrió caminos inéditos de desarrollo social.

En aquella organización habitaban tres perfiles personales y profesionales complementarios que hicieron de esa organización un incuestionable motor de innovación: el explorador, el intendente y el zapador.

1. Explorador

Personaje singular, inquieto, nunca te dejaba indiferente, a veces era considerado un poco bohemio.

No siempre era fácil trabajar con el explorador. Iniciaba muchas rutas a lugares poco conocidos y que en ocasiones deberían descartarse, pero, sin duda, eran más las ocasiones en las que recomendaba una dirección que nos permitía avanzar hacia una posición ventajosa.

Este personaje tenía la capacidad de ver lo que otros no veíamos, generaba una ilusión que actuaba de motor en la tropa. Su labor como explorador requería de la colaboración de otros miembros del equipo que, dadas sus dotes de persuasión, siempre solía conseguir.

El explorador ejercía liderazgo en el equipo, pero este no se debía a su rango, parecía provenir de un vínculo en cierta medida afectivo, fruto de las experiencias vividas con él del resto de los miembros de la tropa y, sin duda, del reconocimiento de lo certero de sus indicaciones previas.

Su liderazgo tenía más de influencia que de autoridad.

El explorador seguía una dinámica de vida propia, poco pautada, desconocida para la tropa en la mayoría de las ocasiones, pero esta era una de las claves para la identificación de oportunidades.

2. Intendente

Este personaje sufría en primera persona los retos que el explorador proponía. Una vez indicado el rumbo, tenía la obligación de ver qué necesitaría la tropa para poder alcanzar el objetivo.

El intendente, gracias a su experiencia y capacidad de conectar elementos, procuraba lo necesario para iniciar y concluir un itinerario a veces incierto y algo peligroso. Su habilidad radicaba en la capacidad de identificar los medios necesarios para superar los retos propuestos por el explorador y en señalar los lugares donde proveerse de ellos.

Siendo consciente de la importancia de las relaciones, tenía la capacidad de identificar complementariedades e incompatibilidades entre personas o instituciones.

El explorador y el intendente hacían un buen equipo, se entendían a la perfección, se soportaban mutuamente y eso hacía que la tropa los percibiese como un equipo sólido. Con ellos en la organización parecía que todo funcionaría.

3. Zapador

Explorador e intendente no serían nadie sin un suficiente número de zapadores con la capacitación adecuada.

Los zapadores realizaban un trabajo, a veces, poco vistoso, pero siempre necesario. Eran los encargados de materializar las rutas ideadas por el explorador, contando con los medios provistos por el intendente.

Todos los zapadores eran muy meticulosos en su trabajo. Cada uno tenía un cierto nivel de especialización que hacía, cuando trabajaban en equipo, que el avance de la tropa fuera rápido y con pocos riesgos.

Los zapadores solían ser críticos con las rutas que marcaba el explorador y con los medios que suministraba el intendente, pero eran conscientes de que, de hacer bien su trabajo, dependía el éxito de la misión.

Creo que innovar requiere trabajo en equipo y el trabajo en equipo requiere de generosidad. Conocerte y saber cuál puede ser tu contribución en un proceso complejo en el que necesariamente tienes que interactuar con otros. Ser humilde para aceptar aquello que no haces bien para poder mejorar o encontrar el hueco que aporta verdaderamente valor.

Desafortunadamente, son pocas las organizaciones que mantienen en el tiempo estructuras con personas que bailen este tipo de baile. Si estás en uno de estos equipos, no lo abandones, te ayudará a crecer como profesional y como persona.

Estos aprendizajes de la Fundación Universidad Empresa de Madrid me han acompañado y acompañan aún hoy. Tengo la evidencia de que, para que una organización genere verdadero impacto y sea altamente innovadora, no necesariamente ha de contar con procedimientos altamente normalizados, el liderazgo puede suplir con creces la falta de procedimiento.

Importancia clave del liderazgo de la persona vértice. Toda la organización se mira en ella y da cohesión al equipo más allá de la lógica.
Puede identificar grandes oportunidades y ha de tener la capacidad de hacer que se materialicen.

Sin duda, los años de trabajo en la Fundación Universidad Empresa de Madrid me abrieron la mente a otras realidades, conocí de primera mano el entramado del sistema ciencia, tecnología y empresa y, sobre todo, tuve la inigualable experiencia de trabajar con Antonio Sáenz de Miera y Mauro Martín Mejía, explorador e intendente respectivamente. Descubrí que un cierto nivel de caos organizativo e improvisación pueden ser mágicos en los procesos de innovación. Descubrí la importancia de cuidar las relaciones institucionales, el difícil equilibrio de los intereses que pueden ayudar o imposibilitar el correcto desempeño de una organización. Y, sobre todo, evidencié que determinados entornos y momentos históricos facilitan tener sueños ambiciosos y hacerlos realidad.

La contribución al cambio social experimentado en España en lo relativo a las relaciones universidad-empresa, tuvo un actor clave y una institución que hizo tangibles las ideas, algunas de ellas ciertamente ambiciosas y con numerosos detractores que intentaban frustrar el proceso. Inmovilismo, miedo al cambio, egos personales, sectarismo... eran algunas de las actitudes que tuvimos que afrontar desde el movimiento generado por las iniciativas de Antonio Sáenz de Miera en la Fundación Universidad Empresa de Madrid y seguido por el resto de las fundaciones universidad empresa de España, red de la que fui secretario ejecutivo durante unos años.

Los resultados tangibles fueron muchos y de altísimo valor para nuestra sociedad, el cambio legislativo que posibilitaba la contratación de la universidad por parte del sector privado, las Oficinas de Transferencia de Resultados de Investigación (OTRI), los Centros de Orientación e Información de Empleo (COIE), la Fundación COTEC, el Centro de Tecnologías para la Defensa... una historia y un legado muy prolijo y, en mi opinión, no suficientemente reconocido.

La experiencia y la red de contactos de aquella época contribuyeron a fraguar mi vocación emprendedora y a sentar las bases para el devenir profesional posterior, inicialmente al frente de empresas de diversos sectores y con posterioridad liderando un proyecto propio.

Echando la vista atrás y reflexionando sobre las características de aquella organización que la hicieron jugar un papel clave en su sociedad, destacaría el clima y la cultura profesional que allí se vivía. Los ingredientes que destaco en esta son:

- **Liderazgo indiscutible del director general,** basado en la adhesión voluntaria de los que allí trabajábamos. Una mezcla de respeto y admiración por su labor y su legado.

- **Caos creativo.** En la Fundación, cualquier iniciativa —por extraña que pareciese— podía hacerse realidad. Los corsés organizativos no nos condicionaban en exceso, y si tenías una idea con sentido y la argumentabas, estabas en el lugar adecuado para desarrollarla.

- **Un entorno propicio,** favorecido por la prolija red de contactos institucionales de los directivos de la entidad.

4
El modelo de negocio y el entorno

«La suerte tiene lugar cuando la preparación
se encuentra con la oportunidad».
— Earl Nightingale

En mis primeros pasos en el mundo de la gestión empresarial, especialmente cuando asumí la gerencia del Grupo Cocinatres, grupo empresarial constituido por cuatro sociedades a las que, posteriormente, se incorporaron otras dos nuevas sociedades y que se dedicaba a la distribución de componentes para muebles y electrodomésticos, y vendía tanto en España como en Portugal, experimenté claramente la complejidad del funcionamiento de la empresa, especialmente cuando se ocupa la posición de máxima responsabilidad.

Los problemas comerciales, críticos en aquella empresa con seis centros de trabajo y numerosos comerciales, la gestión de los inventarios y la relación con los proveedores, los aspectos financieros claves para poder abordar planes de crecimiento, la gestión de personas de muy diverso perfil, desde carpinteros a ingenieros, el impacto de la situación económica general, la reacción de los competidores...

La sensación de verte superado por los acontecimientos y no tener todo bajo control era frecuente. Me imaginaba como Heracles cortando cabezas de la Hidra de Lerna cuando, por cada cabeza cortada, surgían dos nuevas cabezas.

Entender el complejo sistema y conocer bien las relaciones causa-efecto para poder mejorar la gestión y la toma de decisiones no era tarea fácil. Disponer de un modelo mental sintético que incluso ayudase a simular cambios y poder predecir el resultado en el conjunto era mi anhelo como joven director general.

Mi antecesor, Manuel, experimentado directivo y persona de confianza de los dueños al que sustituía por jubilación me lo decía con el gracejo propio de un caballero del barrio de los Remedios en Sevilla: «Esto de gestionar negocios es muy *fassil*. La empresa es como un globo, si pinchas aquí, el aire sale y el globo se va... y te quedas sin globo».

Esa era la intuitiva y directa manera de explicar que una empresa es un sistema, y que cada acción tiene sus consecuencias en todo el sistema.

Recordaba el juego de simulación empresarial en el que participé años antes en Escocia, durante mi asistencia al MBA del, entonces denominado, Instituto Internacional San Telmo. Antes del mismo, nos enviaron las reglas de funcionamiento del negocio sobre el que teníamos que tomar decisiones: un fabricante internacional de calzado. Un millón de dólares de inversión en marketing equivalían a un aumento del 1 % en la cuota de mercado, la ampliación de 5 % en la gama se traducía en 1.5 % de aumento de cuota, claro, condicionado al esfuerzo que realizarían los competidores y la evolución propia de la demanda. Las cosas no son tan fáciles en la realidad.

La empresa es como un complejo vehículo que has de conducir por vías inciertas, con decenas de señales, peatones temerarios y con cambiantes condiciones climáticas y rodeado de otros vehículos y conductores que no sabes cómo reaccionarán.

Abordar el análisis y diagnóstico de una situación empresarial de una forma secuencial por departamentos o áreas funcionales, tal como constaté hacía una de las más relevantes empresas de consultoría internacional cuando elaboraba el plan estratégico de la Fundación Universidad Empresa, me pareció bastante limitado y exigente de mucho tiempo y recursos.

Pero ¡un día vi la luz!

En una conferencia de Luis Huete sobre innovación en modelos de negocio para el sector textil, empecé a entender que existía una forma de entender el funcionamiento del complejo sistema empresarial realizando una primera aproximación sintética, ágil y rápida.

Estoy muy agradecido a los enfoques conceptuales de Luis Huete[1]. Han hecho inteligibles para mí fenómenos que he observado en la empresa.

El éxito de una empresa no depende solo de tener un buen producto, de tener personas en la organización muy comprometidas, de estar bien financiada...; el éxito depende de tener un buen modelo de negocio.

Un buen modelo de negocio es aquel en el que existe una relación equilibrada y coherente con el mercado y el sector de los componentes del sistema empresarial.

La puerta que abrió Luis en mi mente, para poder entender mejor el mundo de la gestión empresarial, permitió que entraran con mayor eficacia y orientación a la aplicación práctica los conceptos del clásico de Alexander Osterwalder e Yves Pigneur[2].

Un enfoque bastante simple e inteligible con el que se facilita el trabajo colaborativo de equipos para conceptualizar un modelo de negocio, esto es, la forma en la que una empresa[3] crea, retiene y distribuye valor.

Cuadro 4.1 Aplicación del método canvas para el diseño de modelos de negocio

1. Socios clave

- Redes (tercer sector y otras)
- Asociación eco:
  - Explorar certificación sostenibilidad textil
- Aliados búsqueda y tramitación de subvenciones
- Administraciones públicas
- Aliado medición impacto
- Aliado generación de conocimiento (ej CITTA)

2. Actividades clave

- Diseño y desarrollo de programas
- Identificación de ayudas
- Tramitación de ayudas
- Preparación de propuestas
- Acción comercial
- Relaciones Institucionales
- I+D+i
- Administración (ordinaria/patrimonio)

3. Recursos clave

- Voluntarios (necesidad de mecanismos de vinculación)
- Personas (laboral/consejeros/patronos). Detección de mejoras en asignación y vinculación
- Patrimonio
- Donantes (internos/externos)
- Tecnología (coherente con el modelo de negocio)
- *Know-How*-conocimiento en ámbitos de especialización

4. Propuesta de valor

- Asesoramiento:
  - Medición impacto
  - Custodia (biodiversidad)
  - Huertos familiares
- Formación:
  - Técnica-competencias
  - Emprendimiento
  - Huertos
- Sensibilización:
  - Mecanismo de inversión de terceros
  - Apoyo a emprendimiento (IMPACTO3):
    - Proyectos propios
    - Proyectos externos
  - Ayuda económica a proyectos/entidades alineadas con la Fund. A (entre otras Fund. B)

5. Relación con clientes

- Confianza (solvencia técnica + coherencia)
- Contacto personal
- Transmisión de valores
- Profesionalidad (solvencia técnica + fiabilidad)

6. Canales

- Relaciones personales (personal propio)
- Otras Fund.
- Asistencia/presencia en foros
- Consejeros/Patronato
- Redes-web
- Boletín digital

7. Segmento de clientes

- Administraciones públicas:
  - Locales, provinciales, regionales, nacionales, internacionales
  - Concurrencia subv./contratos
- Agricultores/propietarios rurales
- Colegios/AMPAS
- Entidades asociativas
- Sociedad civil
- Emprendedores
- Empresas (todo tipo)
- Clientes de proyectos de emprendimiento propio

8. Estructura de costes

- Personal (50 %)
- Costes directos de proyectos
- Costes de mantenimiento del patrimonio
- Servicios profesionales externos

9. Fuentes de ingresos

- Donaciones (propias/externas)
- Subvenciones
- Alquileres
- Intereses/dividendos (necesidad de incrementar)
- Enajenación activos
- Ventas de servicios/productos (necesidad de incrementar)

Con el modelo Canvas o método del lienzo, trabajamos con nueve bloques básicos:

- **Segmentos de clientes.** Los que pagan por lo que ofrecemos, a quienes se dirige nuestro producto o servicio.

- **Propuesta de valor.** Lo que vendemos.

- **Canales de comunicación y distribución.** Cómo lo hacemos llegar.

- **Relaciones con el cliente.** Tipo de vinculo que establecemos con nuestros clientes.

- **Recursos clave.** Medios materiales o inmateriales necesarios.

- **Actividades clave.** Las cosas que tenemos que hacer para que el negocio funcione.

- **Alianzas clave.** Entidades externas que pueden complementar nuestro modelo de negocio.

- **Fuentes de ingresos.** Mecanismos y cuantías en las entradas de dinero en nuestro negocio.

- **Costes.** Destinos y cuantías de salidas y aplicación de dinero en nuestro negocio.

Cada uno de los bloques descritos por una simple frase en el texto precedente, implica tener en consideración decenas de aspectos en cada uno de los mismos, que no se detallan en este texto en aras de la simplicidad y concreción.

Reflexionar serenamente en estos nueve bloques y hacerlo con la metodología y herramientas facilitadas por los autores, antes mencionados, es de gran utilidad no solo en la puesta en marcha de una nueva empresa, sino para diagnosticar la situación de negocios en funcionamiento.

Ayuda a entender mejor las relaciones causa-efecto de las decisiones empresariales, permite entender cómo se genera valor y cómo se distribuye este y, sobre todo, permite detectar disfunciones e inconsistencias en lo que hacemos en la empresa.

Han sido muy numerosas las ocasiones en las que, trabajando con esta metodología con empresas en funcionamiento, sus responsables han detectado puntos clave de mejora o disfunciones que, a pesar de estar al frente del negocio, nunca habían detectado. Se hace patente el acervo: los árboles no dejan ver el bosque.

Dar un paso atrás, coger perspectiva, dejar tiempo para la reflexión y hacerlo en entornos creativos es una potentísima palanca de desarrollo empresarial.

Sin embargo, conjugar adecuadamente los nueve bloques del modelo de negocio, no es suficiente. Son muchos y muy diversos los aspectos que están fuera de nuestro alcance como directivos y que condicionan el desempeño de las empresas.

El clásico modelo de 1979 de las cinco fuerzas competitivas de Michael Porter[4], con sus más de 60 ediciones y traducido a 27 idiomas, ha dado explicación al desempeño empresarial en diversos contextos competitivos y ha sido una notable fuente de inspiración para gestores y analistas estratégicos.

Basado en la experiencia y partiendo del marco conceptual indicado, cito a continuación los aspectos que con más frecuencia tengo en consideración a la hora de ver cómo el entorno afecta al modelo de negocio:

- **Análisis del mercado**

  - Segmentos de mercado. Cómo evoluciona el número de clientes potenciales y cómo se distribuyen geográficamente.

  - Necesidades de los clientes. Cómo prevemos que van a evolucionar las necesidades que pretende atender nuestra propuesta de valor, así como sus preferencias y hábitos de consumo (preferencias de canal, usabilidad, preferencias estéticas...).

  - Capacidad de compra de los segmentos de clientes objetivo. Análisis de la capacidad de compra (y de pago) de los clientes a los que orientamos nuestra oferta.

  - Costes de cambio. En entornos de alta intensidad competitiva, tanto si queremos captar clientes de nuestros competidores como ante la propuesta de los competidores a nuestros clientes, es necesario reflexionar si la decisión de compra está condicionada por algún coste de cambio. Curva de aprendizaje en el uso de un programa informático, barreras a la fuga por penalizaciones en contratos, etc., son algunas de las barreras más comuncs.

- **Análisis del sector**

  - Poder negociador de proveedores. Determinados servicios o suministros con escasas fuentes alternativas de aprovisionamiento pueden ser críticos en el desarrollo de nuestro modelo de negocio condicionando precios, plazos de entrega o calidades.

  - Posición de nuestros competidores. Todas las empresas tienen competidores. La posición y reacción ante nuestra propuesta de los competidores pueden condicionar el éxito de nuestro modelo de negocio. Agresivas políticas de descuento para captar cuota de mercado solo pueden sostenerse en el tiempo si se cuenta con una sólida posición financiera, evaluar el posicionamiento en el canal de nuestros competidores y como se compensa a este, son algunas de las reflexiones más frecuentes a realizar al evaluar el impacto de los competidores en el modelo de negocio.

  - Barreras de entrada. Determinadas actividades empresariales tienen bajas barreras de entrada (reducidas inversiones, no requerir conocimientos y autorizaciones específicos o de difícil acceso...). En los casos en los que las barreras de entrada son bajas es fácil que puedan aflorar nuevos competidores.

  - Productos o servicios sustitutivos. Deberíamos estar atentos a la aparición de soluciones alternativas a la nuestra para las demandas de los clientes. Si para la atención de una determinada necesidad, por ejemplo, la comunicación escrita, surge una solución alternativa a la tradicional (el servicio del correo postal) más eficiente (el correo electrónico), la solución tradicional dejará de usarse. Este enfoque puede ser igualmente útil para innovar en la generación de una oferta de producto o servicio.

- **Análisis de tendencias**

  El entorno es dinámico y cambiante de forma acelerada. Alguno de los aspectos que con más frecuencia condicionan los modelos de negocio son:

  - Marco normativo. Las leyes de aplicación al sector, a las relaciones de la cadena de valor o a las condiciones de uso o consumo de lo que ofrece nuestra empresa puede ser clave. Normas como la prohibición de fumar en restaurantes o bares, las normas de preservación del medioambiente, etc., han condicionado y condicionan muchos modelos de negocio. Prever cómo van a evolucionar estas es clave para evitar tropiezos o aprovechar oportunidades.

  - Tendencias tecnológicas. La tecnología evoluciona de forma cada vez más acelerada. Aprovechar esta para ofrecer una mejor propuesta a nuestros clientes puede marcar la diferencia con nuestros competidores.

  - Tendencias sociales y culturales. Los hábitos de consumo evolucionan con estas. La dimensión de las familias, el estilo de vida, las preferencias estéticas... condicionan qué, dónde y cuándo compran los clientes, así como lo que están dispuestos a pagar por atender una necesidad.

- **Tendencias macro**

  - Disponibilidad de recursos básicos. Para determinados modelos de negocio pueden ser críticos los suministros de productos o servicios clave que podrían escasear o ver aumentar su precio. Energía o personal cualificado suelen ser recursos básicos limitantes.

  - Infraestructura económica. La evolución de la disponibilidad de recursos económicos pueden ser clave para el desempeño de determinados modelos de negocio. Instrumentos como el capital riesgo, fondos de inversión, financiación del circulante, etc., pueden condicionar la estabilidad financiera de algunos modelos de negocio.

Creo que es muy importante dar un paso atrás para observar el conjunto. Desafortunadamente, con frecuencia nos encontramos absorbidos por los problemas del día a día y vamos apagando fuegos a medida que estos surgen.

> **i** Analiza con perspectiva el modelo de negocio, identifica disfunciones y las claves del posicionamiento competitivo, así como las estrategias clave de diferenciación ante los competidores.

Tomar perspectiva para reflexionar sobre el negocio, pero no en el negocio, ayuda especialmente cuando esta reflexión se produce en entornos creativos y con equipos de profesionales con visiones complementarias.

5
¿Por qué no funciona mi modelo de negocio?

Una ventaja que te encuentras cuando has tenido la posibilidad de conocer muchos casos, es que, si tomas perspectiva y miras de forma analítica, consigues descubrir patrones de comportamiento comunes que pueden arrojar luz para tratar futuros casos.

Algo parecido me sucede como consecuencia de haber formado o asistido técnicamente a más de 400 emprendedores y empresarios; he identificado fallas frecuentes en los modelos de negocio, disfunciones que condicionan, a veces de manera dramática, el desempeño de este y, por tanto, su viabilidad y su futuro.

Uno de los primeros aprendizajes me lleva a afirmar que no en todas las fases de un proyecto empresarial se cometen los mismos errores ni se dan las mismas disfunciones.

Si definimos una secuencia teórica y orientativa de las fases de evolución de una empresa, yo identificaría las cinco fases siguientes:

- Gestación: desde las primeras transacciones hasta una facturación orientativa de unos doscientos mil euros y un equipo humano de entre 3 y 5 personas.

- Niñez: desde la fase de gestación hasta una cifra de facturación entre quinientos mil y un millón de euros y un equipo humano de entre 30 y 40 personas.

- Juventud: desde la fase previa hasta los tres a cinco millones de euros y equipos humanos de entre 80 y 120 personas.

- Madurez: desde la etapa de juventud a una facturación de entre 10 y 12 millones de euros y equipos humanos de más de 200 personas.

- Senectud: etapas posteriores a la madurez.

Cuadro 5.1 Fases de la evolución de los modelos de negocio

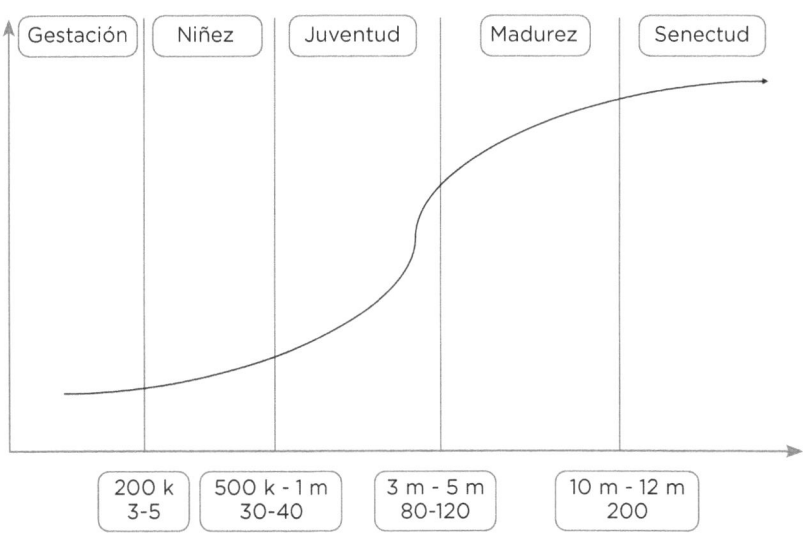

Fuente: Basado en la experiencia del autor.

Obviamente, este enfoque supone una notable simplificación, ya que la secuencia no tendría los mismos umbrales de clasificación en todos los sectores ni en todos los contextos socioeconómicos.

Por otra parte, el nombre asignado a cada categoría no corresponde necesariamente con el comportamiento o estado vital del ser humano, si bien puede ilustrar determinados comportamientos y tipologías de disfunciones en los modelos de negocio que más adelante comentaré.

Al igual que sucede con el ser humano, la evolución descrita no necesariamente se corresponde con una secuencia cronológica inexorable. De esta forma, hay empresas que no superan una determinada etapa, bien por deseo de sus propietarios o gestores, bien por condicionantes del mercado o la sociedad en la que operan o debido a que ven alterada su evolución por un cierre o incorporación de nuevos accionistas.

Esta clasificación de empresas en función del tamaño es la que me ha permitido identificar las disfunciones en el modelo de negocio más frecuentes en cada una de las etapas.

Solo se caracterizan problemas del modelo de negocio en empresas de hasta 30 o 40 millones de euros de facturación, que son los casos más frecuentes a los que me he enfrentado y en los que he podido trabajar analizando su modelo de negocio.

1. Gestación

Este es el momento crítico de ajuste de la propuesta de valor con los requerimientos de clientes y la evaluación de los perfiles de clientes objetivo.

No es infrecuente en emprendedores en fases tempranas de su proyecto que no hayan validado el ajuste de su producto o servicio con las necesidades que pretenden atender en los perfiles de clientes a los que dirigen su propuesta.

Preferencias estéticas, requerimientos funcionales, formatos, precios, etc., son algunas de las características de la propuesta de valor que no ha sido suficientemente testada en el mercado real y que en el mejor de los casos es fruto de unas pocas transacciones reales y en el peor de los casos responde a puras conjeturas o suposiciones.

Siempre me ha resultado inspiradora la ecuación de Valor por Esfuerzo descrita por Luis Huete en su obra Servicios y *Beneficios*[1].

$$\text{Valor por esfuerzo} \quad \frac{\text{Valor percibido (tangibles + intangibles)}}{\text{Precio + Incomodidades + Inseguridades}}$$

Al lanzar un producto o servicio al mercado, con demasiada frecuencia nos centramos en la incorporación de elementos tangibles que vengan a atender requerimientos funcionales de nuestro cliente, pero con menos frecuencia se trabaja con la misma intensidad en la incorporación de elementos que ganen el corazón de los clientes. Suelen ser elementos intangibles que marcan la diferencia con nuestros competidores (el vínculo con determinados valores como la sostenibilidad, la historia detrás de nuestra propuesta, el trato que ofrecemos a nuestros clientes que les hace sentirse únicos...).

Las palabras «valor percibido» son muy relevantes. Todos aquellos atributos que incorporemos a nuestro producto o servicio han de percibirse, para ello deben comunicarse y generar impacto en los clientes, y han de aportar valor.

No son menos importantes los tres componentes del denominador de la ecuación. He trabajado con muchos equipos comerciales y, habitualmente, atribuyen al precio la causa para no obtener mejores resultados comerciales, así como la justificación de los mejores resultados de los competidores.

«Somos más caros que nuestros competidores, así no podemos hacer nada».

Esta actitud y enfoque obvian los otros dos componentes del denominador: las incomodidades y las inseguridades. Estas, en no pocos casos, pueden tener más peso en la decisión de compra que el precio.

Hay muchos casos que pueden ilustrar esta afirmación. Si mi marca es reputada y conocida, habrá una cierta propensión de compra a igualdad de prestaciones por reducción de las inseguridades, si facilito plazos de entrega cortos u ofrezco servicio de entrega a domicilio, se reducirán incomodidades, etc.

Cuando se lanza un nuevo producto o servicio o cuando se desea mantener o mejorar su posición en el mercado, es necesario trabajar con todos los componentes de la ecuación y, créanme, hay muchos mecanismos ingeniosos para poder mejorar el valor por esfuerzo.

En esta fase, técnicas como *lean startup* son sumamente útiles para validar hipótesis de ajuste de propuesta de valor en segmentos de clientes.

Los experimentos o test de mercado, que se realicen en esta fase, han de tener una dimensión adecuada para validar nuestras hipótesis.

2. Niñez

Es una fase que supone crecimiento en dimensión y que suele llevar asociada mayor complejidad organizativa.

En la fase previa, el fundador o fundadores asumían las tareas críticas y conocían a la perfección las operaciones, pero, al aumentar la dimensión y tener que incorporar personas al equipo, han de introducir mecanismos para delegar y controlar.

Por esta razón. las principales disfunciones detectadas en esta fase se suelen dar en la gestión de recursos clave y actividades clave.

Situaciones como la incapacidad o dificultad de delegar operaciones de uno de los fundadores, o la dificultad para localizar e incorporar recursos clave (personas, infraestructura...) son frecuentes.

Cada vez con mayor frecuencia, directivos y propietarios de empresas en esta fase me manifiestan la dificultad de poder nutrir equipos de profesionales comprometidos en el largo plazo con la organización. Esta dificultad, crear y consolidar equipos profesionales, se vuelve aún más compleja en entornos más dinámicos que el europeo.

En esta fase evolutiva, puede ser recomendable contar con apoyo externo de especialistas. La implantación de sistemas de gestión de calidad, las herramientas de gestión de personas orientadas a la atracción de talento y su fidelización e, incluso, la formación de los fundadores para ayudarles a reposicionarse en la organización, suele ser de utilidad en esta fase para tratar las disfunciones en los aspectos indicados.

3. Juventud

Suele ser una fase caracterizada por los resultados satisfactorios, las perspectivas de desarrollo y la ampliación de mercados.

Los principales retos en esta fase, diría, se encuentran en la gestión de los canales de comercialización y comunicación. Las estrategias comerciales en un mercado cercano y conocido no necesariamente funcionan en otros mercados.

En esta fase algunas compañías se plantean realizar operaciones internacionales con las dificultades propias que serán tratadas más adelante.

Otra de las causas de disfunción del modelo de negocio, frecuentemente identificada en esta fase, se relaciona con la estructura de costes.

Es cierto que cuanto mayor es la dimensión, es más fácil aprovechar las economías de escala para gestionar mejor la estructura de aprovisionamiento, pero, en paralelo, sobre todo, si los resultados son positivos, en esta fase suele pegarse grasa al hígado de la empresa.

Me refiero a la realización de inversiones no productivas o poco justificadas, pérdida de control sobre la imputación de costes a las distintas líneas de negocio, etc.

Los buenos resultados empresariales no deben relajarnos en los mecanismos de análisis y control.

Con el aumento de dimensión, es muy frecuente que los sistemas organizativos previos dejen de ser válidos y, casi con total seguridad, deberemos dotarnos de herramientas de control económico y financiero más sofisticadas y precisas.

4. Madurez

En esta fase suele ser frecuente trabajar en diversos mercados e, incluso, gestionar diversas líneas de negocio, y no es infrecuente que los decisores se planteen alianzas, compras de otros negocios o la toma de participación de algún inversor externo.

En esta fase he detectado problemas de dos tipos. Por una parte, los aspectos derivados de la financiación del crecimiento (gestión de deuda, entrada de financiadores...) y, por otra parte, una nueva sofisticación de los modelos organizativos que afectan a la gestión de los recursos clave y de las actividades clave. Este aspecto es especialmente relevante cuando la empresa opera en diversos países, dadas las implicaciones relativas a los cambios de divisa y los planes contables aplicables en cada uno.

En los siguientes capítulos abordaremos con mayor profundidad los procesos de internacionalización y de captación de inversores.

5. Senectud

No entiendo la senectud como decrepitud. Este estado evolucionado de madurez puede ser igualmente prolijo, como sucede en el caso de los seres humanos.

En esta fase, las empresas suelen acometer planes de crecimiento, expansión y diversificación.

Muchos gestores se plantean evolucionar para ser jugadores relevantes en los mercados en los que operan.

También pueden darse diluciones de la cultura que ha podido ser clave para posicionar a la empresa en la situación en la que está.

También en esta fase, en la que con frecuencia se opera en mercados globales, suelen aparecer riesgos asociados a este hecho.

En todas las fases descritas, junto con las disfunciones más frecuentes propias del modelo de negocio, en el caso de tratarse de empresas familiares, como lo son la mayoría de las presentes en nuestro entorno, debemos tener en consideración los problemas de gobierno y de convergencia del entorno profesional y familiar.

Son muchas las ocasiones en las que he podido comprobar que empresas, con coherentes y sólidos modelos de negocio, tenían un mal desempeño por los conflictos generados por las relaciones familia-empresa.

Trabajar este nivel clave de la gestión puede requerir del concurso de especialistas y, teniendo en cuenta las múltiples experiencias vividas en este campo, una alta dosis de generosidad y comprensión por parte de los actores clave.

ⓘ

En cada etapa de la evolución empresarial, son más frecuentes algunas disfunciones o debilidades.

Aun así, haber dado una solución satisfactoria a un determinado problema o reto en una fase no implica que dicha solución sea siempre válida al evolucionar la empresa.

El análisis periódico del modelo de negocio es una excelente práctica para la adecuación permanente de la organización.

6
Los primeros pasos. Maniota

«Nada en la vida debe ser temido, solamente
comprendido. Es hora de comprender más
para temer menos».

— Marie Curie

Maniota (De *maneota*). f. Cuerda o cadena con la que se atan las manos de un animal. Sinónimo: traba.

Muchos emprendedores se ven absurdamente trabados cuando quieren iniciar su negocio. Me vienen a la cabeza empresarios como aquel bodeguero al que asesoré en el norte de la provincia de Granada que tuvo que esperar con todas las inversiones realizadas y pagando costosos préstamos cerca de dos años la inspección para obtener el registro sanitario, o los laberínticos procedimientos para poner en marcha algunos de los proyectos que tutelo en el Valle del Nansa... ¡con la necesidad que hay en muchos territorios de actividad empresarial como mecanismo facilitador del asentamiento de la población!

1. Abrumados por los trámites administrativos

En numerosas ocasiones no se trata ni de mala intención ni de negligencia del funcionario asignado. Parece que todos nos convertimos en víctimas de un sistema que progresivamente se burocratiza y vuelve más complejo sin que aparentemente nadie pueda hacer nada.

Hace años, tratamos de detectar las principales barreras al emprendimiento rural, y sin ningún género de dudas, a tenor de las respuestas de los encuestados, los trámites administrativos eran una de las principales barreras para emprender en el campo[1].

Reconociendo que se han producido notables avances en la simplificación administrativa para la puesta en marcha de un nuevo negocio gracias fundamentalmente a la creciente digitalización, no como consecuencia de la reducción de trámites, aún hay un largo camino por recorrer, especialmente cuando hablamos de emprendimiento innovador.

Cuando nos referimos a modelos de negocio innovadores en los que se modifican las reglas del juego en un determinado sector, suelen saltar por los aires todos los corsés de los trámites administrativos y los marcos jurídicos regulatorios. Evidentes ejemplos de esto son los modelos de negocio generados en el campo de la denominada economía colaborativa (BlaBlaCar, Airbnb...).

Paradójicamente, desde las instituciones se trata de impulsar el emprendimiento y cuanto más innovador sea este mejor; sin que las propias instituciones impulsoras sean totalmente conscientes de que cuando queremos hacer algo que se sale de lo habitual, es más que probable que nos topemos con algún trámite o requerimiento legal que difícilmente podremos atender o que tendremos que hacerlo bordeando el marco legal.

Una iniciativa que podría facilitar el desarrollo de modelos de negocio altamente innovadores son los *sandboxes* (areneros) que han sido propuestos, quizá de una forma tibia, por las instituciones europeas[2]. Estos pueden ser un modelo conceptual de interés para facilitar espacios jurídicos y administrativos útiles para la puesta en marcha de negocios innovadores.

En el ámbito de la programación, un *sandbox* se entiende como un entorno de pruebas, aislado del resto. Este concepto, que se aplica habitualmente a las *fintech* (negocios basados en el uso intensivo de la tecnología en el ámbito financiero), podría ser útil para el desarrollo de negocios con alto grado de innovación.

Sin duda, innovar en modelos de negocios, especialmente cuando en dicho proceso interviene la tecnología, puede implicar cambios en las relaciones jurídicas, legales y mercantiles de las partes. Estos cambios en las relaciones pueden afectar sustancialmente a derechos y obligaciones.

2. ¿Podría ser útil el esquema de trabajo de los *sandboxes* para otros sectores?

Es lógico que a las entidades regulatorias les preocupe que se realicen actividades que escapen de su control, este suele ser un mecanismo para salvaguardar los derechos de todos, sin embargo, este lógico celo competencial, debería de poder conciliarse con los mecanismos adecuados para agilizar los procesos de emprendimiento e innovación.

No parece razonable que todos los negocios, independientemente de su dimensión y ubicación, tengan que atender los mismos procesos administrativos, en ocasiones redundantes o carentes de valor o garantía para la ciudadanía.

Me viene a la cabeza el proyecto de Juan Manuel, emprendedor del programa Nansaemprende, para producir pacharán artesanal en Puente Pumar, precioso pueblecito de montaña ubicado en el cántabro Valle del Nansa con unos treinta habitantes.

Extrabajador de IBM, muy entradito en años, pausado, sereno y de extremada firmeza en su decisión. Apasionado deseo de retornar a su tierra experiencia, relaciones y capacidad de desarrollo del negocio apoyado en su familia, especialmente contando con sus hijos, con formación y experiencia para el desarrollo del negocio.

La producción y comercialización de pacharán, supuestamente, debería tener sobre todo dificultades relativas al sistema productivo para la consecución de una buena receta, con el aprovisionamiento de unas buenas endrinas, con la comercialización de un licor en un mercado altamente competitivo... No fue así, las mayores dificultades provinieron de los trámites administrativos desde la autoridad local hasta la administración de la cuenca hidrográfica. Todo para un proyecto de producción artesanal, sin impacto alguno en el medioambiente y sin riesgos para la población local, más allá del derivado del exceso en el consumo del granate licor.

Frustración, impotencia y tristeza es lo que vive el emprendedor que decide dejar la tranquilidad de su pensión de multinacional y arriesgar sus ahorros, su tiempo e incluso la relación con su familia, por retornar riqueza y oportunidades a su pueblo. Afortunadamente, la constancia y tesón de Juan Manuel superaron los artificiales obstáculos administrativos y pacharán El Purriego fue una realidad y un éxito comercial.

Algunas reflexiones al respecto:

- **Simplificación administrativa en algunos casos.** En ocasiones sorprenden las similitudes de procedimientos de puesta en marcha de negocios de diversos sectores y de muy diversos tamaños. Aparentemente, los procedimientos que se aplican con carácter general podría sustituirse, modificarse o eliminarse para algunos casos (sectores de actividad o tamaño empresarial). Sería necesario continuar con esta tarea de simplificación, pero implica trabajar en el detalle pormenorizado de las circunstancias particulares de aplicación a ciertas iniciativas.

- *Sandbox* **para otros sectores y actividades.** Quizá sea muy iluso por mi parte, pero pienso que estaría bien poder crear esos entornos de prueba para determinados nuevos negocios. Espacios con mínima reglamentación y trámites en los que los emprendedores empiecen a trabajar para que, una vez que el negocio tiene visos de ser viable, se vaya adaptando progresivamente al marco regulatorio existente.

- **La simplificación debería atender unos principios básicos:**
  - Equidad e igualdad de oportunidades para todos. La simplificación no debería generar situaciones de privilegio injustificado.

- Búsqueda de mejoras en eficiencia o eficacia. La simplificación debe ayudar a ahorrar recursos, si no ahorra recursos no es válida.

- Búsqueda de mejoras en valor a la sociedad. Los proyectos de emprendimiento, en especial, los más innovadores, constituyen aportaciones nuevas, genuinas que responden a necesidades o retos no bien resueltos. La simplificación tiene que aportar valor facilitando el desarrollo de estos negocios.

- Simplificación no tiene por qué ser desregulación. Nuestra sociedad debería dotarse de marcos básicos de control y regulación, algunos de ellos pueden estar basados en el autocontrol y la corresponsabilidad.

> ⓘ Una sociedad en la que se prodigan las iniciativas de estímulo al emprendimiento, no debería permitirse desperdiciar talento y creatividad a consecuencia de los marcos regulatorios. Es necesario innovar en estos y aplicar las tecnologías.

«Los papeles no son lo mío» suele ser una frase habitual en muchos emprendedores. El emprendedor debería centrarse en su negocio, en la captación de clientes y en el cierre de ventas. Distraerlo con trámites administrativos, solo supone lastrar su potencial de desarrollo.

En este sentido, facilitar medios para la resolución de los trámites de puesta en marcha y arranque de actividad, puede ser de gran utilidad.

Si damos el salto al ámbito internacional, las dificultades se multiplican al infinito. Recientemente he tenido la oportunidad de constituir empresas en Egipto y en India para un cliente. Dos entornos administrativos completamente distintos. A los propios trámites se agregan las dificultades idiomáticas o culturales.

Recuerdo con añoranza y admiración cómo en cuatro horas realizamos todos los trámites para la puesta en marcha y alta de actividad de una empresa en el sur de Portugal para un grupo del sector del mueble en el año 2002. Llegamos a las diez de la mañana con el nombre de la empresa en la cabeza y los tres socios inversores, y a las quince horas estábamos almorzando un excelente *bacalhau dourado* con todos los trámites de creación y alta de actividad de New Cozinhas Ltd. totalmente resueltos. ¡Todo en un mismo espacio donde se encontraba el notario, Registro Mercantil, oficina de Hacienda, oficina de Seguridad Social...

¿Tan difícil es imitar las cosas que funcionan?

7
Desarrollo de equipos y liderazgo

> «Si contratas a la gente solo porque pueden hacer un trabajo, trabajarán por tu dinero. Pero si contratas a personas que creen en lo que tú crees, trabajarán para ti con sangre, sudor y lágrimas».
>
> — Simon Sinek

Hace siete u ocho años que rondaba por mi cabeza repetir la travesía en alta montaña de Sierra Nevada que treinta años atrás, cuando tenía 24 o 25 años, había vivido con mis amigos de universidad. ¿Por qué ese verano de 2018 mis pensamientos se habían convertido en acción? No lo sé.

Lo cierto es que con el deseo no basta, es preciso ponerse en camino para que se materialice aquello que queremos.

La aventura no parecía fácil. Treinta años más en el cuerpo para una ruta de cincuenta kilómetros en alta montaña no era el mejor augurio, pero algún motor desconocido me decía: «este año sí».

El reto requería planificación, análisis de necesidades para tres días sin las comodidades de la civilización, identificación de la mejor ruta, horarios de los transportes públicos que nos dejarían en el punto de inicio y nos recogerían al final de la ruta a pie... y todo ello, en equipo, acompañado de cuatro de mis hijos. Muchachos de su tiempo, fornidos con el *crossfit* y otros deportes similares. Sin duda, iba bien acompañado, no tenía nada que temer.

El inicio de la ruta, como siempre, ilusionante para todo el equipo, pero tras los primeros diez o doce kilómetros relativamente exigentes, las primeras dudas sobre las indicaciones del líder (en este caso yo).

«¿Seguro que vamos por el camino correcto? ¿Hace tres curvas que nos dijiste que se vería el Mulhacén y aún no vemos ninguno de los grandes picos?».

Travesía de alta montaña en Sierra Nevada.

Es cierto que hacía treinta años desde que pasé por allí y eso te hace olvidar detalles, pero además de mi memoria contaba con plano, rutas descargadas de *Wikiloc*.

Mi liderazgo era cuestionado y la situación amenazaba con motín.

El providencial encuentro con el segundo puente, perfectamente indicado en mi plano y el correspondiente baño, aplacaron los nervios y nos permitieron avanzar hasta el punto de destino para la primera jornada, eso sí, la tropa, que no conocía aquella ruta, se cuestionaba: «¿Qué pintamos aquí? Aún queda mucho itinerario por delante, pero tampoco podemos volver atrás».

Solo quedaba avanzar.

Si algo caracterizó nuestra forma de vida en el itinerario fue la austeridad. Benéfica y purificadora austeridad, tantas veces rechazada en la sociedad en la que vivimos y que tanto nos enseña. La comida necesariamente debía ser frugal, era preciso dosificar el agua, las piedras son tus compañeras cuando caminas durante el día y cuando duermes durante la noche... ¡Qué importante es el agua para el ser humano!

En la segunda etapa salvaríamos un desnivel de más de 1100 metros en unos seis kilómetros. La sensación era de estar subiendo una interminable escalera que exigía, a consecuencia de la falta de oxígeno y el esfuerzo, realizar paradas cada veinte o treinta pasos.

Tras más de seis horas caminando hasta la Laguna de la Mosca, una imagen paradisiaca, una verde pradera rodea a la laguna de origen glacial de gélidas y transparentes aguas, muchas cabras montesas pastaban tranquilamente junto a nosotros. Por un momento, sensación de paz, quietud, satisfacción del esfuerzo realizado y el reto alcanzado.

Una mirada atrás me devuelve a la realidad: pájara generalizada en la tropa. Mareos, vómitos... por un momento pienso: «¡Ay, madre! ¿Cómo resuelvo la situación? No hay carretera cercana transitada».

Mil cosas me pasan por la cabeza: habremos comido algo en mal estado, bebido agua contaminada... Nada de eso, el esfuerzo realizado y el exceso de agua bebida en el ascenso que, al tener poco contenido en sales, no acaba de quitar la sed y te induce a beber más, fue el peligroso cóctel que produjo la debacle.

El peso de la responsabilidad cayó sobre mis hombros.

Quietud, sombra y algo de agua, obraron el milagro y en unas horas todos recuperados.

A la caída de la tarde, una pareja de montañeros en dificultad, Antonio y Alicia, nos pidieron ayuda. Habían perdido la ruta y no tenían los medios necesarios para pasar la noche. Juntos compartimos una agradable velada charlando con los que hasta ese momento eran absolutos desconocidos para nosotros. La montaña te da oportunidades para conocer a excelentes personas.

Era una noche con algo de viento que nos hacía pensar que algún animal desde fuera quería darnos las buenas noches. Recuerdos de la ruta e ilusión por la última jornada que finalizaría con un adecuado homenaje en Capileira.

Madrugamos para salir pronto tras recoger las tiendas y todas nuestras pertenencias. Ascendimos hasta la cuerda del Mulhacén tratando de no perder un incierto camino entre inmensos bloques de pizarra que hacían parecer aquel un paisaje lunar. A unos 3200 metros ya solo quedaba bajar. Nos despedimos de nuestros compañeros que continuaban hacia la estación de esquí y nosotros, por una senda bien marcada, hacia Capileira.

Diecinueve kilómetros de descenso duro y casi sin paradas, dejaron nuestro cuerpo molido. Te compensa el paisaje, los arroyos en los que disfrutamos de un merecido baño en aguas purísimas y la gratificante sensación de que se estaba culminando un reto.

¡Al fin, Capileira! Ducha, plato alpujarreño y cama.

Querido lector, se preguntará: ¿qué tiene que ver esta historieta con el emprendimiento?

Tres jornadas sin cobertura, miles de pasos y tiempo de reflexión, me permitieron identificar ciertas similitudes y claras enseñanzas para los procesos de emprendimiento.

- **Nunca es tarde para emprender.** ¿Los cincuenta son la edad adecuada para emprender, para iniciar una aventura? Lo de menos es la edad, lo importante es que sea tu momento. Identificar ese instante en el que confluyen circunstancias personales y del entorno que activan tu motor interior.

- **El movimiento se demuestra andando.** La visión es importante, pero de nada sirve sin la acción. Emprender implica construir, crear, eso requiere de acción.

- **Planifica la ruta.** Emprender conlleva seguir un itinerario por un lugar incierto. Para ello necesitarás cosas (recursos, conocimientos, alianzas...). Reflexionar sobre las necesidades que van a aparecer en el itinerario antes de empezar el mismo ayuda a dotarse de los medios necesarios.

- **El líder es humano.** Todo liderazgo requiere de capacidad de relación con el equipo. Conocer las limitaciones individuales, reconocer los errores propios, no exigir por encima de sus capacidades a los demás y, sobre todo, saber gestionar las crisis, son habilidades indispensables.

- **Cada cual lleva su ritmo.** Lo importante es que el equipo llegue a la meta, se alcance el objetivo, sin embargo, no todos sus miembros avanzan de igual forma. Cada uno tiene sus propias habilidades y limitaciones, conocerlas y gestionarlas adecuadamente facilita el éxito del trabajo en equipo.

- **Como tratar las pájaras.** No es infrecuente que, en el proceso de emprendimiento, parte del equipo se desfonde. Ante esto, ¿qué hacer? Serenidad, quietud y tratamiento de recuperación.

- **Un objetivo claro.** Tener un objetivo claro hacia el que dirigirnos y conocer la recompensa de alcanzarlo, estimula el avance y facilita la identificación de la ruta más eficiente.

- **No te pierdas el paisaje.** Emprender es un proceso, a menudo dilatado en el tiempo, en el que interactuamos con otros y vivimos experiencias increíbles. Merece la pena disfrutar del itinerario, mantener los sentidos despiertos para identificar amenazas y detectar oportunidades.

Tres días de caminatas y bastante tiempo por encima de los 2000 metros fortalecen y aumentan los glóbulos rojos. Emprender también te lleva a vivir intensamente.

(i) Emprender implica vivir situaciones de riesgo, de incertidumbre... En ocasiones en el itinerario te acompañarán otros. Compartir el objetivo y visibilizarlo como propio para todo el equipo es crucial en el éxito del itinerario.

8
De negocio a empresa

«El genio comienza las grandes obras,
pero solo el trabajo las acaba».
— Petrus Jacobus Joubert

En la evolución de la empresa desde su creación, hay un momento crítico en el que muchas desaparecen o padecen severas dificultades. Es el momento de hacer evolucionar el negocio del fundador o fundadores a una empresa estructurada con un equipo de mayor dimensión.

Se suele sofisticar y, en ocasiones, complicar tanto el modelo de negocio como los sistemas organizativos.

Además, la actividad desarrollada por el equipo promotor, que hasta el momento podría haber sido viable, no tiene por qué serlo con un equipo mayor y un modelo de negocio más sofisticado.

En algún caso he percibido la sensación de alguno de los fundadores de sentir que, aunque la organización crece en número de personas, se dedican a dar de comer a los empleados. La sensación de que estos no aportan suficiente valor al negocio puede ser una sensación frustrante. El negocio gestionado por los fundadores y que les daba de comer, al final, entra en un estado de incierta rentabilidad al crecer la estructura.

Como emprendedores debemos reflexionar si el negocio puede evolucionar y crecer, es decir, si es escalable (no todos los negocios lo son) y, por otra parte, debemos tomar una decisión personal que afectará a futuros pasos, esta es si deseamos evolucionar nuestro negocio para aumentar la dimensión de empresa.

Esta decisión tiene muy relevantes implicaciones personales que puede no estemos dispuestos a asumir:

- Mayor dimensión suele ir asociada a mayores riesgos.

- Creación de equipo, identificar y retener talento.

- Delegar, ya que, seguramente, no llegaremos a todo.

- Implementar y usar regularmente sistemas de control y seguimiento.

En ese itinerario de evolución, y una vez adoptada la decisión de crear estructura y crecer, también deberemos pensar en el largo plazo.

He detectado dos visiones cuando se alcanza ese punto de haber evolucionado hasta una incipiente estructura empresarial:

- Seguir haciendo crecer la empresa para venderla total o parcialmente generando plusvalías; enfoque frecuente en *startups*.

- Hacer crecer la empresa, manteniendo la propiedad y el control, y generar un legado que transmitir.

Considero que ambos enfoques son lícitos y contribuyen a la riqueza de la sociedad.

El primero de los enfoques es más frecuente en entornos científicos y tecnológicos y suele ser impulsado por las aceleradoras de *startups*; el segundo es bastante habitual en empresas de carácter familiar, en sectores maduros y con estrechos lazos con el territorio en el que se ubican.

Como ya he indicado, el proceso de evolución de negocio controlado por el equipo promotor a la creación de equipo de mayor dimensión tiene notables implicaciones que no todos los promotores están dispuestos a asumir, además de ciertos riesgos que será preciso tener en consideración.

Los principales riesgos que he observado en ese crítico momento son:

- **Financiación.** Crecer requiere recursos no solo para acometer inversiones, sino también para financiar el activo corriente (circulante). Más ventas implicará más crédito a clientes, más tesorería y más existencias, en caso de que nuestra empresa se dedique a producción o distribución de mercaderías.

  Es frecuente que cuando se evalúan los recursos necesarios para crecer, pensemos, sobre todo, en las necesidades para dotarnos de nuevos activos (edificios, maquinaria...), pero con menos frecuencia se contemplan las necesidades en circulante. Una vez estimadas las necesidades, también es necesario prever cómo se financiarán. ¿Mejoramos las condiciones de crédito de nuestros proveedores, financiamos con créditos a corto, a largo o con recursos propios?

  La inadecuada gestión de los recursos necesarios para crecer puede poner en peligro el negocio.

- **Creación de equipo y dotación de los sistemas de gestión y control.** Una de las dificultades más frecuentes es el reclutamiento del personal adecuado y su mantenimiento.

  Paradójicamente, nuestra nación presenta una alta tasa de desempleo juvenil y subempleo. Algunos empresarios arguyen al respecto el efecto disuasor de políticas asistenciales generadoras de rentas básicas o a la economía sumergida en muchas zonas, especialmente en zonas rurales.

  Asociados a la dotación de equipo, es preciso equipar a la organización de sistemas de gestión de equipos y de medición del desempeño. De no contar con mecanismos eficaces se corre en riesgo de engordar innecesariamente a la organización con funciones y personas que no aportan valor.

- **Relación con los socios.** En ocasiones, el proceso de crecimiento puede ir asociado a la incorporación de nuevos socios. Estos cambios estructurales en las empresas pueden implicar cambios radicales en visión o estrategia.

  En este sentido, es necesario recalcar la utilidad del pacto de socios. Dejar claras, desde el principio, las relaciones de poder, las funciones, los mecanismos de solución de conflictos o salida.

- **Cambios en las tareas de los promotores.** No siempre el cambio de escenario es bien asumido por los miembros del equipo fundador. Realizar un trabajo distinto del realizado hasta el momento puede requerir conocimientos o habilidades nuevas. En ocasiones, también padecen los fundadores problemas de carácter emocional. Aprender a delegar, depositar confianza en otros, sistematizar el seguimiento a distancia del negocio son algunas de las cosas que les suelen costar más a los fundadores. Y, sobre todo, tener la humildad de reconocer que otros hacen las cosas de forma diversa y no necesariamente esta otra forma es peor que la que tú, como fundador, has aplicado.

  Recientemente he compartido tiempo con los líderes de dos organizaciones que funcionan bien, con crecimiento y buenos resultados. Ambos, de forma espontánea y sincera, me transmitieron su admiración por sus directos subordinados.

  Creo que uno de los peores males que padecen algunas organizaciones es tener un líder que es el que más sabe de su negocio. Fundadores ciegos que nunca podrán tener un equipo sólido.

Más de un millón de empresas en España son de carácter familiar, cerca del 90 %. La concurrencia del entorno familiar y el profesional en este tipo de organizaciones condiciona sin duda el proceso de evolución en dimensión y organización de las empresas más allá del empuje inicial de los fundadores.

Además de la experiencia vivida en las empresas de mi familia, me ha tocado dirigir tres grupos empresariales familiares en los que los fundadores deseaban mantener el control familiar de las empresas y hacer partícipes de la gestión a los miembros de la familia.

Sin entrar en detalles, por razones de obvia confidencialidad, son muchos los sufrimientos, las frustraciones y desilusiones que he visto vivir y he intentado acompañar en las vidas de los fundadores en el intento de transferir a los sucesores el legado.

Personas con gran valor, con visión para identificar oportunidades, con una capacidad de trabajo, aguante y resistencia casi inhumanas y que, partiendo del noble propósito de dejar un legado importante a la siguiente generación, experimentan la extrema complejidad del proceso.

La falta de capacidad no reconocida o admitida, rencillas o envidias entre familiares, escasa capacidad de esfuerzo para alcanzar objetivos son algunos de los males que suelen aquejar a los procesos de sucesión en empresas familiares en las que he tenido que trabajar.

La visión que transmito a los empresarios fundadores con los que trabajo se centra en hacerles ver la importancia de preservar las relaciones de la familia e intentar que la empresa y su deseo de transmisión sucesoria no la pongan en riesgo.

Una empresa de carácter familiar puede dejar de tener dicha condición por la entrada de nuevos socios o por profesionalización de la dirección por personas externas a la familia y puede ser igualmente viable, las heridas en las relaciones personales en el seno de una familia son más difíciles de curar.

Recordando experiencias vividas, señalo, a continuación, algunos de los aspectos que animo a tomar en consideración en procesos de sucesión familiar. No entraré en aspectos de carácter jurídico o fiscal, sin duda relevantes y para los que sugiero recurrir a especialistas, indico los aspectos que afectan a la gobernanza de las organizaciones y a las implicaciones en las relaciones personales.

- **Diferenciar propiedad y gestión.** Un aspecto que ayuda a gestionar mejor el proceso de sucesión, y que los fundadores no siempre tienen lo suficientemente claro, es diferenciar propiedad y gestión. Un heredero puede mantener la propiedad de una empresa y verse compensado vía dividendos o plusvalías y no por ello involucrarse en la gestión. La claridad en esta diferenciación de roles evita no pocos conflictos. Para que la distinción sea efectiva es preciso establecer las salvaguardas necesarias (equipo de dirección profesional con competencias bien definidas y autonomía y confianza otorgada por la propiedad).

- **Foros específicos de análisis y toma de decisiones para la propiedad y para los gestores.** Los mayores conflictos entre la gestión de la empresa y las relaciones de los miembros de la familia como propietarios de un negocio surgen al solaparse dichos ámbitos. Por esta razón, generar foros específicos (consejo de familia y comité de dirección) suele ayudar a evitar los conflictos y especialmente a tratar los problemas en el foro adecuado.

- **Preparación del proceso de sucesión y cualificación del equipo.** Los procesos de sucesión en empresa familiar suelen ser complejos y conviene abordarlos con tiempo. Es preciso, en primer lugar, que el fundador o fundadores no fuercen el proceso de sucesión en relación con asignar inexorablemente la función de líder a un miembro de la familia. Será imprescindible que el familiar o familiares escogidos para puestos de responsabilidad asuman la designación de forma totalmente libre y que trabajen para ello, es decir, que se ganen el puesto. En este sentido, es imprescindible mantener la cabeza bien fría. Evaluar competencias en el candidato o candidatos y proponer un plan de carrera exigente con hitos concretos y con resultados evaluables.

- **El proceso se puede frustrar.** Los fundadores siempre deberían ser conscientes de que el proceso de sucesión se puede frustrar y es imprescindible que estén dispuestos a renunciar a su plan inicial, a pesar de que tal decisión pueda ser dolorosa, y poder así desarrollar estrategias alternativas.

i Crecer o mantener la dimensión, vender la empresa o conservar el control. Dilemas a los que se enfrentan emprendedores y empresarios, cuya resolución exige tener en cuenta las preferencias personales, los aspectos financieros, el impacto en el entorno cercano, etc.

9
Financiación

Cuando pretendemos poner en marcha un proyecto empresarial, es frecuente que necesitemos financiación para su implantación o para las fases iniciales de crecimiento.

Es cierto que algunos negocios son capaces de generar rápido tesorería, pero son pocas las iniciativas que he conocido en mi trayectoria empresarial en las que haya sido así. Si das con uno de esos modelos de negocio en los que se hace caja desde el primer día y te puedes financiar con el crédito concedido por los proveedores, siempre que las operaciones comerciales tengan un buen margen[1], merece la pena analizarlo con detalle, pues uno de los primeros problemas que nos encontramos a la hora de emprender son los requerimientos iniciales de recursos.

1. Fuentes de financiación de proyectos de emprendimiento

Una de las fuentes habituales de recursos para la puesta en marcha de un negocio y, diría yo, la más recomendable además de los necesarios recursos propios, es la financiación bancaria. Obviamente, requiere la aportación de solvencia suficiente y, si esta no se alcanza, garantías adicionales. La financiación bancaria te dejará las manos libres para poder gestionar tu empresa como mejor creas, un aspecto que no se suele dar cuando entra un socio en el negocio.

Una breve reseña sobre la necesidad de que los promotores se comprometan económicamente en el proyecto. En todos los proyectos de emprendimiento que he conocido y evalúo, valoro positivamente la aportación económica del equipo promotor.

Las aportaciones en conocimiento, relaciones, equipamientos, etc., están muy bien, pero ¿cuántos euros has puesto?

La aportación económica de los promotores transmite la confianza y nivel de compromiso de estos. Es valorada positivamente por otros financiadores. Invertir en un negocio en el que los promotores no comprometen ni un euro, a mí y a muchos inversores nos genera recelo...

Para la puesta en marcha de proyectos de emprendedores con mayor o menor potencial de crecimiento y resultados no siempre es fácil obtener financiación bancaria. En ese caso, muchos emprendedores me preguntan: ¿podríamos buscar un inversor privado para ayudarnos en esta fase inicial? Para no llevarnos desagradables sorpresas y tampoco frustrarnos en el proceso, indico a continuación las circunstancias que, desde mi punto de vista, se han de dar para poder obtener financiación privada en estas etapas iniciales (*seed, early stage*).

2. La captación de inversión

Aunque estés planteando desarrollar un negocio en el entorno rural, no deberías renunciar al propósito de que se convierta en una gran empresa y pueda escalar, necesitando en el proceso financiación externa.

Por esta razón, al menos de forma sintética, trataré de mostrar los instrumentos y horquillas de financiación más frecuentes en función del momento en que se encuentre la empresa, así como los pasos a seguir para conseguir captar recursos.

En torno al mundo de las *startups* y la financiación empresarial hay mucho «folclore», y parece que está reservado para compañías de alta tecnología ubicadas en entornos urbanos. Pero no debería ser así. Debemos desmitificar, aclarar y hacer accesible este ámbito para aquellos proyectos con recorrido que se implanten en el campo.

En las líneas que siguen no me refiero a la consecución de financiación de amigos, familiares y benefactores que suelen financiar proyectos empresariales especialmente por el vínculo afectivo con el promotor o promotores, en los que raramente se esperan retornos económicos e, incluso, en ocasiones, financian a un emprendedor por pura compasión, me refiero a inversores privados que persiguen rentabilizar su inversión en un proyecto viable y de alto crecimiento (*business angels* o capital riesgo).

Basándome en la experiencia propia, en siete de cada diez proyectos en los que los emprendedores se plantean captar financiación privada, esta es desaconsejable por alguna de estas causas:

- El proyecto no requiere financiación privada ajena para crecer, lo puede hacer con fondos generados por operaciones, con crédito de proveedores, con recursos de los promotores o con financiación bancaria.

- El promotor no quiere perder el control total o no está dispuesto a compartir el proceso de toma de decisiones.

- El proyecto no es invertible por falta del atractivo que suele ser requerido por los inversores.

Suponiendo que mi proyecto y yo, como promotor, estemos en ese 30 % de las iniciativas en las que se podría plantear un proceso de captación de financiación privada, ¿qué pasos habría que dar?, ¿qué cautelas adoptar?

Para la adecuada interpretación de las líneas que siguen, es preciso tener en cuenta que me refiero al proceso de inversión privada para fases *first stage* no de implantación.

Hemos validado el modelo de negocio, tenemos producto o un servicio que vender y hemos empezado a facturar. Los especialistas establecen la frontera entre la etapa de implantación (pre-*seed*) y la que nos ocupa, así como su límite superior, en valores diversos. Según la experiencia, estos umbrales dependen mucho del sector, pero podríamos establecer unos niveles de financiación requeridos que pueden ir entre los 50 000 y los 300 000 euros.

Si te encuentras en la situación descrita y con el fin de poder ayudar en el proceso, te dejo a continuación algunas ideas para poder transitar en un proceso que sin duda es difícil.

- **Tómate tu tiempo.** El proceso de identificación de un socio, análisis de complementariedades, ajuste del modelo de negocio incorporando una nueva visión, negociación, cierre de acuerdos y gestión de la alianza, es necesariamente dilatado. Desconfiaría del amor a primera vista. Si tienes urgencia en la captación de recursos, será difícil que el proceso evolucione de forma adecuada, se adoptarán decisiones no suficientemente maduras y podrías generar desconfianza. He vivido proyectos de captación de socios que han durado unos seis u ocho meses, y en el caso extremo de un proyecto internacional, dos años (al final se frustró el acuerdo).

- **Conoce bien a tu socio potencial.** Puede haber diferencias en las cosas que nos deberíamos preguntar dependiendo de si se trata de un inversor particular (*business angel* o un inversor institucional de capital riesgo)[2].
  Con el fin de evitar riesgos y sorpresas futuras, es muy importante conocer bien a tu futuro socio, tanto en los aspectos relacionados con la actividad profesional como en los aspectos personales. Trata de conocer su tesis de inversión (horquilla de inversión deseada, nivel de control requerido, preferencias sectoriales, intereses en la participación en la gestión...).
  Para inversores privados serán de mayor peso, y determinantes para el éxito de la relación, los aspectos personales. Los inversores institucionales suelen precisar con claridad su tesis de inversión y las personas con las que nos relacionamos en el proceso de negociación y con las que trataremos, una vez entre

en el capital el instrumento del que se trate, pueden llegar a ser incluso distintas.

En cuanto a la participación de inversores privados, debemos tener en cuenta que gran parte de las alianzas profesionales se ven frustradas por aspectos que tienen que ver con el carácter, con la forma de ser de cada cual, con la escala de valores y prioridades. Si no se comparten unos principios básicos, las posibilidades de que la relación fracase son altas. Además de la valoración de los aspectos personales, son muy relevantes los aspectos profesionales. Antes de iniciar un proceso de acercamiento deberíamos hacernos preguntas como: ¿por qué le puede interesar mi proyecto?, ¿qué aportará al mejor desempeño del modelo de negocio?

- **No quemes cartas innecesariamente.** Iniciar un proceso de negociación para la captación de socio y que este se vea frustrado, puede cerrar futuras puertas, además te habrá hecho invertir un tiempo y esfuerzo quizá inútil. Si hay sombras de dudas previas, no inicies el proceso.

- **Las cosas claras.** Yo soy partidario de absoluta transparencia en el proceso de acercamiento y negociación. Creo que los aspectos menos buenos o las incompatibilidades, cuanto antes se detecten, mejor. No tengas cartas ocultas, transmite claramente los riesgos del proyecto, las incertidumbres... Es mucho peor que estas afloren una vez se hayan cerrado acuerdos.

- **Por qué y para qué necesito el dinero.** Esto es importante tenerlo claro cómo se detallará más adelante. Por mucho que se insista en este punto parece no ser nunca suficiente. De 32 proyectos de *startups* tecnológicas de un reciente *elevator pitch* en el que tuve la oportunidad de participar como evaluador, solo ocho o diez proyectos tenían claro o transmitían correctamente esta información.

  Todo potencial inversor tiene derecho y suele querer conocer el destino de su aportación.

- **Define claramente cómo se puede salir del proyecto o modificar los acuerdos previamente adoptados.** Prever cómo se pueden resolver o modificar los acuerdos societarios en caso de ser necesario, es muy importante que quede totalmente definido antes de adoptar los mismos. Aspectos relativos a los procedimientos de valoración de la empresa, a los mecanismos de incorporación de nuevos socios, venta de parte o de la totalidad de la propiedad, son algunos de los puntos que es preciso definir al principio. Para este punto recomiendo especialmente el apoyo de profesionales especializados con el fin de que ayuden a definir el pacto de socios.

- **Define claramente cómo será el proceso de toma de decisiones y el papel de los socios en el proyecto.** Antes de cerrar acuerdos de incorporación de un socio es muy importante definir el papel en la gestión y en la toma de decisiones de la empresa. En ocasiones se dan por supuestos sistemas de funcionamiento futuro que luego generan desencanto y frustración.

Pero ¿y si llega mi príncipe azul que quiere sí o sí entrar en mi negocio y está dispuesto a hacer lo que sea y poner el dinero que haga falta? Creedme, he conocido algún caso así.

Si se da este caso, en primer lugar, no os dejéis abrumar por los ceros de un cheque, sé que no es fácil. Es absolutamente necesario que identifiques la razón real del interés. ¿Te busca a ti como profesional? ¿Ha identificado claves de generación de valor que tú no has descubierto? ¿Necesita evadirse con un negocio en el que distraerse?

Obviamente, en cada una de las circunstancias que se plantean, el plan de acción puede ser completamente distinto.

Recomendación: alguien dijo alguna vez «las sociedades, con número impar de socios y siempre menor de tres», sin ser así de radical, ten en cuenta que la incorporación de socios que no han sido fundadores tiene múltiples implicaciones en los aspectos de gestión de la empresa y personales.

Los *business angels* pueden ser aliados clave en las fases de crecimiento inicial del negocio, pero los procesos de identificación, acercamiento, negociación, acuerdos y gestión han de ser cuidadosamente tratados por el bien de nuestro negocio y de nuestra salud mental.

Presento a continuación un esquema sintético, elaborado a partir de diversas fuentes documentales y de la experiencia propia de haber acompañado a emprendedores que buscaban recursos, sobre los instrumentos y cuantías de financiación para cada una de las fases de la empresa.

Cuadro 9.1 Fases e instrumentos de financiación empresaria

| | Preseed | Seed | Early stage | | Growth ---- Exit |
			Serie A	Serie B	Series C-D -E
Fase empresarial	• Idea	• Idea • PMV • Primeras ventas • Equipo	• Ventas consolidadas • Potencial de crecimiento demostrable • Escalabilidad del negocio y del equipo	• Expansión (mercados, gama, adquisiciones…)	• Preparación cotizadas
Instrumentos y cuantía	• FFF • BA • Premios • Crowd-funding	• FFF • BA • Capital semilla • Crowd-funding • Enisa • Microcré-ditos	• Capital riesgo • Fondos de inversión • Instituciones (préstamos convertibles)	• Fondos de inversión • Banca de inversión • Operaciones estructuradas	• Grandes fondos de inversión • Banca de inversión • Operaciones estructuradas
	10 - 30K	30 - 200k	< 5M	<20M	>20

3. ¿Puedo encontrar un socio financiero para mi proyecto?

La primera pregunta que me debería hacer como promotor de un negocio es: ¿tengo suficientemente claro el modelo de negocio? No se trata de tener un producto o un servicio buenos, ni de tener claros cuáles son nuestros clientes, se trata de conocer y entender el funcionamiento que, preveo, tendrá mi modelo de negocio. Es decir, cómo se comportará el sistema de mi empresa en su conjunto y cómo se relacionará este con el entorno. Para definir el modelo de negocio y entenderlo como líderes de este, es de mucha utilidad jugar con el lienzo del modelo de negocio[3]. Ya se ha mencionado esta metodología que facilita entender cómo la empresa crea, retiene y distribuye valor. Para enfrentarte con un posible inversor tienes que entender y creer en tu modelo de negocio, si no es así, se nota y se pierde credibilidad.

Una pregunta que suelen hacer los evaluadores de empresas y que me debería hacer de forma casi simultánea a la anterior es: el producto o servicio que pretendo ofrecer, ¿atiende una necesidad real de algún grupo de personas? Esta pregunta deberíamos responderse con todos los matices necesarios, es decir, ¿hay suficiente número de clientes potenciales?, ¿estos están dispuestos a pagar el precio al que quiero vender?, ¿qué aporta de diferencial mi propuesta a la de los competidores?

Para responder a esta pregunta no hay nada como enfrentarse directamente al mercado, hacer un ensayo. Para tal fin hay una metodología útil, *lean startup*[4]. Si no eres muy sistemático y te resistes a aplicar el método indicado, al menos, interactúa con potenciales clientes, muéstrales lo que ofreces, proponles precio, trata de hacer las primeras ventas, ajusta con la información que recibes de los clientes... Es fundamental medir, no dejarse llevar por impresiones.

En fases *early stage* disponer de un producto mínimo viable (MPV), validado con clientes reales y con métricas que ayuden a estimar el potencial, ayuda aportando credibilidad ante inversores.

La tercera pregunta que me debería hacer: ¿cuánto dinero necesito y para qué?, y relacionada con esta, ¿cuánto estoy dispuesto a ceder del negocio por esa cantidad de dinero? Creedme, no son infrecuentes los emprendedores que llegan a entrevistarse con un posible inversor y ante esta pregunta o no responden, porque no lo saben, o responden con evasivas, generando cierta desconfianza en el inversor.

Incluso he asistido a presentaciones de proyectos a inversores en los que, ante la pregunta de las necesidades de financiación, el emprendedor dice: «No necesito dinero...». La reacción obvia es: «¿Qué hace usted aquí? ¿Por qué nos hace perder el tiempo?».

Sobre el destino de la financiación que te aportan, los preferidos para los inversores, suelen ser: en primer lugar, la adquisición de activos fijos necesarios para el negocio (equipos, instalaciones, patentes...); en segundo lugar, necesidades de circulante, normalmente asociadas a expectativas de altos crecimientos (existencias, crédito a clientes...); y, por último, gastos de tu estructura (sueldos, alquileres...). Suele no percibirse bien si propongo que el destino de la financiación sea pagar salarios (incluido el del emprendedor).

Para responder a la pregunta de cuánto cederé por la financiación del inversor, debería disponer de una valoración del negocio. Valorar una empresa es casi un arte. Es importante ser consciente de que es de necios confundir valor por precio. El valor admitido por el inversor depende de las circunstancias generales del mercado, de las circunstancias del inversor, del momento del proyecto, de percepciones e incluso de intuiciones. Por tanto, independientemente de que podamos aplicar un criterio cuantitativo más o menos consensuado y admitido en el sector, siempre hay un gran margen de maniobra para negociar.

Siempre he considerado muy importante tener en consideración el perfil y situación del inversor. Sin duda, estos condicionan el potencial cierre de acuerdo.

Para valorar una empresa en funcionamiento, con mucha frecuencia, se usan múltiplos del EBITDA[5] del último o últimos ejercicios. Los múltiplos que aplicar dependen del sector, certidumbre de este, otras operaciones de toma de participación realizadas... Desde mi punto de vista, este mecanismo de valoración basado en lo que la empresa hizo en el pasado, más o menos cercano, no tiene en consideración el enfoque estratégico futuro, lo que la empresa podrá hacer con la aportación del nuevo socio. Además, no es factible en negocios de muy reciente creación.

Para tener en cuenta la trayectoria prevista para la empresa en la valoración de una empresa, una de las metodologías que suele usarse es la del descuento de flujo de fondos basados en los estados financieros previsionales[6]. La aplicación de esta herramienta requiere de un cierto nivel de especialización y el resultado siempre podrá ser discutible, ya que se basa en previsiones afectadas por decenas de variables. La experiencia me ha mostrado que, si bien las herramientas de valoración pueden ser útiles para darte una referencia, al final las operaciones se cierran mediante el clásico trato de la burra. La negociación parte de una percepción de valor por parte de comprador y vendedor y una propuesta de partida que no tiene por qué coincidir. A partir de ahí, el éxito de la negociación reside en intuir el valor percibido por la contraparte y ver si este es mayor o menor que mi propia valoración para poder aceptar o rechazar una oferta.

Para finalizar esta rápida guía, deberíamos preguntarnos: ¿le interesa mi negocio al inversor y por qué? Obviamente, responderemos mejor a esta pregunta, cuanta más información tengamos del inversor.

Uno de los aspectos que primero suele despertar el interés de los inversores es la denominada escalabilidad, es decir, la capacidad de ganar clientes y crecer de tu negocio. Si el enfoque de tu modelo de negocio está orientado al autoempleo o al desarrollo de un proyecto de pequeña dimensión, es muy difícil que tu negocio pueda interesar a un inversor, ya que la mayoría de ellos no solo persigue rentabilizar su dinero mediante el retorno de una parte de los beneficios del negocio (dividendo), sino que pretende obtener beneficios de futuras ampliaciones del capital de la empresa con la posibilidad de revalorización de su parte o venta de esta con importantes plusvalías. Esto solo se produce si el negocio es de alto crecimiento, es decir, si tiene una buena escalabilidad.

Si la escalabilidad puedes demostrarla con datos (si triplicas clientes cada dos meses y esto se ha producido de forma sostenida en un año, por ejemplo), mejor que mejor. Si muestras esto, verás que cambia la cara de tu posible socio.

Si tu negocio demuestra ser escalable, el segundo aspecto que mirará será la rentabilidad. Si dispones de un plan de negocio con estados financieros previsionales, puedes ofrecer datos de la rentabilidad interna del proyecto (obviamente, basados en expectativas, como siempre cuestionables), esto es un punto de partida. Pero al inversor no solo le importará que el negocio sea rentable, sino que le interesará conocer cómo y cuándo puede recuperar su inversión con beneficio. Como dije antes, esto se produce mediante el reparto de una parte del beneficio tras el cierre de cada ejercicio, o mediante el aumento de valor con venta o no de la participación que tenga en el negocio.

> **i**
>
> No te obsesiones con el proceso de búsqueda de financiación. En tus primeros pasos como emprendedor conviene andar con paso corto.
>
> Si es el momento de captar financiación externa, conoce las cuestiones que interesan a los inversores.

El tercer aspecto que probablemente considere será la oportunidad estratégica del negocio que le propones en función del resto de sus inversiones, actividades que desarrolle, preferencias o gustos.

Sin duda, hay más cosas que considerar para poder captar un inversor para un proyecto empresarial, pero, en función de la experiencia, los puntos indicados son los que considero más críticos.

Mi recomendación: no inicies el difícil proceso de captación de financiación privada, si hay dudas sobre los temas precedentes, las negociaciones fallidas pueden generar frustración y bloquear futuras oportunidades.

10
Mercado global e internacionalización

En muchas empresas, tanto en procesos de crecimiento como ante dificultades en los mercados cercanos, se plantean las opciones de salir a vender fuera.

Quizá ser uno de los primeros becarios Erasmus de la Universidad de Córdoba me hizo no tener excesivos reparos para abordar proyectos fuera de España. Esta actitud me impulsó a involucrar a la Fundación Empresa Universidad de Granada en proyectos con financiación europea, en los momentos en los que las solicitudes de fondos se rellenaban en formularios con papel de calco en máquina de escribir.

Las diversas responsabilidades asumidas en mi trayectoria profesional me han llevado a trabajar en proyectos en Brasil, Venezuela, constituir empresas en Portugal, China, Egipto, Australia e India y asesorar a 15 empresas en proyectos de implantación exterior como asesor de la agencia de promoción exterior andaluza, antes denominada Extenda.

Las realidades concretas para abordar procesos de internacionalización de las empresas a las que he asistido y las circunstancias concretas vividas, tanto desde la perspectiva estrictamente humana como desde la profesional al enfrentarme a entornos de negocio completamente distintos a los conocidos, me han hecho reconocer que el proceso de internacionalización, en cualquiera de sus modalidades, es extremadamente complejo, si bien puede otorgar grandes oportunidades para garantizar el futuro de las empresas que los abordan.

Liderar procesos de internacionalización empresarial es, sin duda, una experiencia muy enriquecedora.

Siempre recordaré mis estancias en China. He de reconocer que cuando me encargaron el desarrollo de la filial de una empresa española en China, lo que implicaba viajes frecuentes a aquel país, no reaccioné con especial ilusión. China está muy lejos y no era una cultura o país que me atrajeran especialmente, pero después de varios viajes, de la relación con empresarios y responsables públicos en aquel país y de no pocos *Ganbei!* (干杯)mis sentimientos en relación con el país y la cultura cambiaron.

Nuestras jornadas en China eran inmensas. Desayuno fuerte a las 6 en nuestro hotel de Hangzhou, y a las 8 salíamos para visitar fábricas o mantener reuniones con responsables públicos, haciendo para ello cientos de kilómetros en coche. En cada punto de encuentro un té y al siguiente encuentro, así hasta las 18 horas. Ducha y bufé libre en el Hyatt. Esta rutina de lunes a sábado y el domingo con suerte, un *ping-pong* en el hotel o visita a algún lugar singular y a preparar la siguiente semana.

Una de las experiencias más increíbles vividas fue la de la llegada al *hall* del citado hotel tras diez horas de trabajo, cuatrocientos kilómetros a nuestras espaldas y en ayunas, salvo los correspondientes tés del camino, y el encuentro celestial con un grupo de cuerda femenino que interpretaba música tradicional.

La suave, exótica y sensual melodía producida por aquellas cinco chicas vestidas de blanco con piel de marfil en el lujoso *hall* del hotel Hyatt de Hangzhou con instrumentos de cuerda que nunca había visto, nos cautivaron, nos enamoraron...

A pesar de tratar de comprar todos los CD de música tradicional china, nunca conseguí oír algo igual.

Internacionalizar un negocio te marca, sin duda. Te enriquece conocer otras culturas, negociar, salvar obstáculos, detectar otras sensibilidades..., pero es un proceso complejo y de grandes riesgos.

Además, la experiencia en un país no es totalmente aplicable a otro. En algunas de las más recientes implantaciones que he tenido que dirigir en Egipto e India, he experimentado como los aprendizajes de una no sirven para aplicar en el otro país.

Ambos países marcados por la antigua influencia británica, pero con las particularidades de un país de mayoría musulmana o mayoría hinduista y con regímenes políticos distintos. Las cosas que en un contexto europeo parecen obvias a la hora de crear u operar con una empresa, no tienen que ser válidas en ninguno de los dos países.

El simple hecho de que la India haya suscrito el Convenio de la Haya y Egipto no, hace que los trámites de legalización de documentos para operar mercantilmente sean distintos.

Todos los negocios se ven afectados por el entorno. Desde las fluctuaciones en los derechos aduaneros que afectan a la importación de productos o servicios, hasta las variaciones en los tipos de cambio en las divisas de cada país afectan a nuestros negocios. En un momento hacen que dejes de ser competitivo en el país destino o que tengas que redefinir toda la cadena de valor para poder servir productos o prestar servicios a precios razonables para los clientes.

Aun en el caso de que una empresa no se plantee operar fuera, debería estar atenta a cómo cambian las condiciones que influyen en las transacciones internacionales pues le pueden afectar de manera severa. Los mercados no son cerrados, por más que se trate de imponer restricciones más o menos explícitas a las transacciones internacionales.

En este sentido, además de tener una actitud vigilante al cambio de escenario fundamentalmente en la variables indicadas, derechos aduaneros y tipo de cambio de divisa, sería conveniente tener una actitud proactiva que nos permitiese anticiparnos y aprovechar oportunidades.

Algunas son las preguntas que deberíamos hacernos antes de embarcarnos en un proceso costoso y con algunos riesgos para el desarrollo de negocio fuera de nuestras fronteras.

1. ¿Tengo un modelo de negocio adecuado para la internacionalización?

Con frecuencia se propone la pregunta de si el producto o servicio que vendo en el mercado interior puede venderse fuera. Considero que esto no es suficiente.

Para poder vender fuera un producto o servicio, además de ser adecuado para el mercado al que nos dirigimos (etiquetado, formato, tarifas...), es preciso que nuestro modelo de negocio esté preparado para operar en otros mercados (operaciones, atención al cliente, estructura comercial...).

No solo me refiero a la incidencia en los aspectos operativos de la venta de producto o prestación de servicio (plazos de entrega, soporte local al cliente, resolución de incidencias...), en ocasiones se trata de preferencias más o menos explícitas que condicionan el éxito de la operación.

En muchos mercados, el estadounidense es uno de ellos, se valora muy positivamente, en especial, en negocios orientados hacia la venta al por mayor, que el vendedor sea una empresa estadounidense con sede permanente en el país. En ese caso, el proceso de internacionalización pasa por la creación de una filial o, al menos, una oficina de representación.

2. ¿Cuál debería ser el itinerario de internacionalización?

En este sentido, sugiero dejarnos guiar por la prudencia. Quizá el primer paso es simplemente exportar y contar con comercializadores implantados en el país destino (agentes comerciales, distribuidores...), un segundo paso podría llevarnos a dotarnos de una estructura comercial propia con presencia más o menos estable en el país de destino, un tercer paso sería la implantación, bien con una oficina de representación o una filial comercial o productiva.

Solo la consolidación de los primeros pasos debería llevarnos a plantear los siguientes.

No son pocos los casos conocidos en los que se han planteado implantaciones con filiales, tan solo guiados por la intuición y un par de visitas del líder empresarial y, en la mayoría de los casos, el fracaso fue sonado.

Disponer de clientes activos, aliados, conocidos en las instituciones clave es una ayuda relevante para que el proceso de implantación tenga menos riesgos, aun así, siempre los tendrá.

3. ¿Cómo manejar las diferencias culturales y administrativas?

Gestionar un proceso de internacionalización en cualquiera de sus modalidades implica vivir permanentemente la diversidad de cultura y de procedimientos administrativos. Ambos aspectos pueden ser traumáticos o al menos fuente de conflictos e incidencias indeseadas.

Considero imprescindible el proceso de adaptación y asunción de la cultura y la realidad administrativa de cada país destino. No debemos desesperarnos y ser conscientes de que, tratar de cambiar las realidades culturales o procedimentales del país, es un esfuerzo estéril.

Ante un proceso de la complejidad descrita, es de gran utilidad contar con apoyo especializado. Afortunadamente, en nuestro país las empresas cuentan con servicios públicos especializados[1] que apoyan los procesos de internacionalización, según mi experiencia, con gran eficacia.

Al margen de los servicios públicos a los que siempre es recomendable recurrir, es altamente recomendable contar con una empresa de consultoría o profesional especializado en implantación exterior en el país de que se trate. Suelen ser servicios costosos, pero a la larga se consiguen ahorros en tiempos y sinsabores.

Uno de los ingredientes imprescindibles en el proceso de internacionalización es la paciencia, mucha paciencia. Nunca he visto procesos de implantación en los que los presupuestos de la implantación en términos de ventas o resultados se hayan cumplido en los plazos previstos.

Se trata de una carrera de fondo en la que, si persistimos, obviamente, siendo extremadamente cautos y observando permanentemente la evolución de las variables, puede convertirse en palanca de desarrollo y crecimiento empresarial.

> (i) Todas las empresas, en mayor o menor medida, se ven afectadas por la globalización (entrada de competidores exteriores, evolución en los costes de aprovisionamientos del exterior...).
>
> Es imprescindible prepararse para que la internacionalización sea una fuente de oportunidades y no un factor de riesgo.

11
Sostenibilidad en los negocios

«Alguien se sienta hoy a la sombra porque alguien plantó un árbol hace mucho tiempo».

— Warren Buffett

1. ¿Es una moda la sostenibilidad en la empresa?

¿Merece la pena hablar de sostenibilidad en la empresa en un libro para emprendedores y empresarios?

Creo que sí. Hoy día la búsqueda de sostenibilidad parece que lo impregna todo y, sin duda, condiciona lo que en una empresa se puede o se debe hacer.

Si vas a poner en marcha un nuevo negocio o si gestionas uno ya existente, antes o después te encontrarás con alguna recomendación, exigencia u oportunidad basada en la sostenibilidad.

Me permito, en las siguientes líneas, aportar mi visión particular y quizá un poco heterodoxa y discordante con visiones ordinarias en foros públicos.

Nuestra sociedad ha incorporado a su acervo léxico términos que condicionan el comportamiento de los individuos y que en ocasiones determinan la evolución de preferencias y hábitos. *Sostenibilidad* puede ser uno de estos mágicos vocablos.

Sin embargo, pocas veces reflexionamos sobre la verdadera naturaleza de los conceptos y valores que están asociados al mismo y en raras ocasiones pensamos cómo puede contribuir un cambio social inducido por dicha palabra en la evolución de los sistemas económicos.

Si bien el término *sostenibilidad* se adscribió en un inicio al ámbito de la ecología, rápidamente fue incorporado al análisis de los sistemas económicos, acuñándose la expresión *desarrollo sostenible*. En 1987, se produjo una de las primeras citas de dicha acepción, y quizá la más famosa, en el informe Brundtland *Nuestro futuro común*.

Con una visión eminentemente orientada a la conservación y mejora del medioambiente, a escala planetaria, la iniciativa auspiciada por la Comisión Mundial sobre Medioambiente y Desarrollo de la Asamblea General de Naciones Unidas ideó un itinerario que incorporó como uno de sus hitos el Acuerdo Climático Global, firmado por 195 países en la Cumbre del Clima de París (COP21) el 12 de diciembre de 2015. Dicho acuerdo no fue asumido por todas las naciones.

Sobre la visión generalmente aceptada de la relación directa e inequívoca de la actividad humana, las emisiones de CO_2 y la evolución climática han surgido voces discordantes no poco cualificadas. Yo creo que, bajo una pátina de buenos propósitos, hay algunas imprecisiones e intereses particulares no siempre coherentes con el interés general. He de reconocer que me molesta especialmente cuando se adoptan posiciones radicales en esta materia, por ello no entraré en el que considero inconcluso y a veces absurdo y estéril debate del cambio climático en los términos en los que se suele plantear.

Pero ¿el término sostenibilidad es solo un término de moda?¿Los valores que persigue han calado en la sociedad y en las empresas...?

¿Podrían incorporarse estos a los procesos de mejora competitiva que redunden en mejoras de la calidad de vida de los ciudadanos? ¿Es la sostenibilidad una fuente de oportunidades de negocio?

La dilatada experiencia en gestión empresarial, la observación y apoyo técnico de muy numerosas iniciativas emprendedoras y, es preciso reconocerlo, una preocupación sincera por contribuir a legar un mundo un poco mejor del heredado, me animan a reflexionar sobre la utilidad de la incorporación de la sostenibilidad como principio básico en el diseño y gestión de sistemas, tanto los territoriales como especialmente los empresariales.

Muchos empresarios, no sin razón, perciben los requerimientos ambientales, en ocasiones fruto de la búsqueda de mayor sostenibilidad ambiental de las autoridades, como obstáculos artificiales para el desarrollo de sus negocios. Sin embargo, en pocas ocasiones dicho enfoque es aprovechado por las empresas para generar ventajas competitivas. ¿Es esto posible o se trata de un enfoque puramente utópico?

La experiencia me permite afirmar que, si bien gran parte de empresas y organizaciones incorporan de forma más o menos explícita y consciente la sostenibilidad como objetivo clave a alcanzar, no siempre se despliegan acciones realistas y de impacto real. La sostenibilidad se plantea más como un deseo que como un principio rector de la gestión.

No obstante, la tradicional dimensión ambiental de la sostenibilidad debe ser ampliada y enriquecida para dar respuesta válida al éxito de muchos de los casos observados.

2. Modelo SEEE

El modelo SEEE (sostenibilidad gracias a la eficacia, la eficiencia y la equidad) da respuesta con una visión multidimensional a la pregunta: ¿cómo poder ser sostenible en el ámbito empresarial?

Como puedes ver en la siguiente imagen, este modelo necesita de 3 elementos fundamentales: eficacia, eficiencia y equidad.

Cuadro 11.1 Modelo SEEE

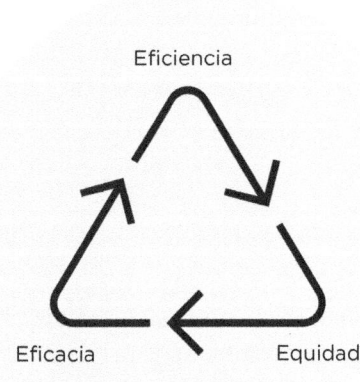

Eficacia

El sistema consigue eficacia, cuando se logra alcanzar el resultado perseguido. Una sociedad, una empresa, un territorio, que parte de un análisis sistémico, debe gestionar sus recursos siguiendo un enfoque estratégico en el que se determinen sus metas y objetivos. Cuando estos son alcanzados en los plazos marcados, podemos decir que el sistema es eficaz.

Eficiencia

Un sistema puede calificarse eficiente cuando consigue alcanzar los resultados perseguidos haciendo uso de los mínimos recursos necesarios. El consumo inadecuado y superfluo de recursos suele generar externalidades negativas (emisiones, pérdidas de agua, residuos sólidos...). La filosofía que subyace en la denominada economía circular persigue este fin.

Equidad

El sistema no será sostenible si atenta contra la dimensión social. La equidad, basada en el reparto justo de las rentas, la igualdad de oportunidades, el adecuado acceso a los recursos, etc., son algunas de las características que contribuyen a conseguir la perseguida sostenibilidad en el sistema.

No son pocas las empresas que he conocido y con las que he trabajado en las que se perciben estos tres pilares como parte de su ADN, y permean toda la organización determinando cómo se gestionan los recursos, cómo se definen objetivos y metas y cómo se hace el seguimiento de su cumplimiento, cómo se trata a los trabajadores, proveedores o clientes, y qué transmite salud en su cultura y en sus resultados.

Desde mi punto de vista, la sostenibilidad no va de obtener certificaciones, sino de vivir una determinada cultura organizativa, aun así, soy consciente de la utilidad de la validación de determinadas prácticas y su acreditación mediante certificaciones reconocidas por terceros.

Un enfoque interesante desde mi punto de vista es el desarrollado por las entidades que realizan inversión de impacto. Este movimiento que tiene en España su referente en la Open Value Foundation y en SpainNAB[1] propugna incluir en la tesis de inversión el impacto social o medioambiental de las empresas.

Los proyectos empresariales apoyados financieramente por estas entidades evidencian que, incluir la sostenibilidad y el impacto positivo como columna vertebral del modelo de negocio, puede aportar significativas oportunidades empresariales en absoluto contradictorias con la rentabilidad financiera.

> (i)
>
> A pesar de que, en ocasiones, los requerimientos ambientales pueden representar limitaciones para ciertas actividades, es necesario contemplar la sostenibilidad como una fuente relevante de oportunidades para las empresas.
>
> Para poder aprovechar estas oportunidades, es preciso un cambio de mentalidad y la redefinición del modelo de negocio.

Conclusión

No entiendo el emprendimiento sin pasión. Emprender y gestionar un negocio como líder de este no es solo un trabajo, al menos así lo vivo yo.

Emprender es un deporte de riesgo, por ello es conveniente pertrecharse con buenas herramientas y materiales. La formación, el acompañamiento, el asesoramiento, etc., son imprescindibles, aun así, los momentos de soledad e incertidumbre serán frecuentes. Busca adecuados entornos para combatir sus efectos adversos.

Sal de tu zona de confort, experimentarás que, aun a pesar de los riesgos, se trata de una zona de aprendizaje y crecimiento.

Rodéate de gente honesta, que no siempre te digan lo que esperas escuchar y en los que percibas un genuino y veraz deseo de ayudar.

No temas al crecimiento. Trata de convertir un negocio en una empresa, trata de dejar legado, así se ha ido construyendo nuestra sociedad.

Que los obstáculos y trámites que tengas que sufrir no sean barreras insalvables. Que la tenacidad y la constancia sean el motor que se active cada mañana en tu interior.

En el viaje del emprendimiento no vamos solos. Nuestro entorno familiar y personal se verá afectado. Trata de encontrar el no siempre fácil equilibrio que posibilite que tu actividad sea motivo de orgullo y causa de desarrollo personal de tu entorno.

Notas

Prefacio

1. En todo el texto, hago uso del término *empresa* con un enfoque amplio, independientemente de la fórmula jurídica que se adopte para desarrollar la actividad mercantil. A efectos prácticos son consideradas empresas, por tanto, sociedades mercantiles, autónomos, cooperativas. Otras formas jurídicas tales como comunidades de bienes, fundaciones o asociaciones, podrían ser consideradas» «empresas» en aquellos ámbitos de actividad mercantil que puedan realizar. En cualquier caso, gran parte de las reflexiones del presente texto creo que podrían aplicarse a todo tipo de organizaciones.

Capítulo 1

1. José María Ballester falleció en Madrid el 1 de abril de 2025 a la edad de 84 años después de una muy prolífica trayectoria profesional en defensa del patrimonio cultural y del apoyo al desarrollo territorial.
2. Para más información sobre los resultados de los programas Nansaemprende y Ruralemprende se puede consultar al área de Desarrollo Rural de la Fundación Botín.
3. Cuando escribí la frase, la referencia cronológica era esa, sin embargo, como estas notas me toman tiempo y no sé cuándo concluiré, he decidido no cambiar las mismas, ya que el mensaje, entiendo, perdurará independientemente del devenir de los acontecimientos.
4. 2007, Trías de Bes, F. *El libro negro del emprendedor: No digas que nunca te lo advirtieron*. Ed. Empresa Activa.

5. *Weiji* 危机 crisis
Wei es uno de dos *hanzi* de *weixian* (peligro) 危险.
Ji es un *hanzi* de la palabra *jihui* (oportunidad) 机会.
Se dice en China: 危中带机 (*wei zhong dai ji*), que significa 'oportunidades en tiempo de crisis'.
6. Nos da pudor usar el término *amar* y en ocasiones lo usamos de forma inadecuada. Un profesor chileno, Juan Gastó, un verdadero sabio, nos dio una lección inolvidable en la carrera, animándonos a incorporar este ingrediente en nuestra vida como uno de los mecanismos clave para ser felices y prosperar profesionalmente. Creo que estaba en lo cierto.

Capítulo 2

1. INEM: Instituto Nacional de Empleo, sus competencias en empleo se transfirieron parcialmente a los servicios de empleo de las comunidades autónomas y se mantuvo en la administración estatal el SEPE, Servicio Público de Empleo Estatal.
2. Según datos del Instituto de Empresa Familiar, el 89 % de las empresas son de carácter familiar. El Instituto Nacional de Estadística estima que este colectivo empresarial representa el 84 % de las empresas.

Capítulo 3

1. Chesbrough, H.W. (2009). *Innovación abierta*. Plataforma Editorial.
2. Trías de Bes, F, y Kotler, P. (2011). *Innovar para ganar*. Ed. Empresa Activa.
3. Altamente recomendable leer *El oficio de unir. Reflexiones y experiencias de un hombre inquieto* de Antonio Sáenz de Miera, Editorial Universitas (2012). Una excelente descripción del proceso de innovación social de España en el que fue actor relevante el autor de la obra.

Capítulo 4

1. Huete, L. *Los nuevos modelos de negocio*. https://luishuete.com/wp-content/uploads/2018/06/management_society_46_selecc.pdf.
2. Osterwalder, A. y Pigneur, Y. (2011). *Generación de modelos de negocio*. Ed. Deusto
3. El modelo Canvas es ampliamente usado en la ideación de modelos de negocio en empresas de todo tipo. El autor ha hecho uso de este para más de cien proyectos empresariales y lo ha usado, así mismo, para entidades sin ánimo de lucro y para el análisis de territorios.

4. Porter M. E. (1980). *Estrategia Competitiva: Técnicas para el análisis de los sectores industriales y de la competencia*. Ed. Pirámide.

Capítulo 5

1. Huete, L. (2003). *Servicios & Beneficios*. Ed. Deusto.

Capítulo 6

1. Se puede consultar el informe en http://www.rurapolis.es/consultoria.
2. Pueden consultarse diversas iniciativas impulsadas desde la Unión Europea para aplicar tecnologías como *blockchain* o Inteligencia artificial siguiendo la filosofía de *sandboxes*. *Comunicado de la Comisión*. https://digital-strategy.ec.europa.eu/en/news/commission-launches-european-regulatory-sandbox-blockchain.

Capítulo 9

1. En los momentos iniciales de un negocio con gran capacidad de generación de caja en el corto plazo podemos vernos abrumados por la entrada monetaria sin reparar suficientemente sobre la capacidad de soportar los gastos generales y las inversiones con el margen bruto acumulado. Este espejismo de la caja se suele desvanecer pronto, pero si no tenemos capacidad de respuesta, puede ser la muerte precoz de la iniciativa emprendedora.
2. En el campo de la financiación empresarial son frecuentes los términos en inglés, por lo general, aceptados, aunque siempre hay términos en español equivalentes. Nos referimos a la inversión en capital riesgo (*venture capital*) la realizada por sociedades de capital riesgo o fondos de inversión.
3. El lienzo de modelo de negocio o *business model canvas* es una técnica de análisis empresarial que fue ideada en 2008 por Alex Osterwalder e Yves Pigneur. Facilita trabajar de forma sintética e intuitiva sobre nueve componentes del sistema empresarial.
4. Intento evitar el uso de términos en inglés en este documento, pero dado que en gestión empresarial algunos se han asumido por la mayoría, creo que usarlos es lo más apropiado. El lector puede encontrar fácilmente información sobre la aplicación de *lean startup* al desarrollo de nuevos negocios, no obstante, su filosofía de aplicación es muy simple: genera un prototipo de tu producto o servicios (producto mínimo viable), interactúa con el mercado y analiza los resultados para continuar (perseverar) o cambiar (pivotar).

5. *Earnings before interest taxes depreciation and amortization*, beneficios antes de los intereses, impuestos, depreciaciones y amortizaciones.

6. El descuento de flujo de fondos para la valoración de empresas suele ser muy cuestionado por personas que se mueven en el entorno de las *startups*, sin embargo, en los procesos de negociación en los que he participado con fondos impulsores de crecimiento con *tickets* de más de siete millones de euros, ha sido el método de valoración usado, así mismo, en la valoración de negocios para la concesión pública de contratos de prestación de servicios es el mecanismo de valoración según la legislación andaluza.

Capítulo 10

1. Casi todas las comunidades autónomas españolas cuentan con servicios de promoción exterior. A escala estatal, el ICEX es el organismo pionero en dicha labor. Adicionalmente, la red de Cámaras de Comercio también ofrece servicios de apoyo a la internacionalización.

Capítulo 11

1. Estas entidades y otras como el fondo de inversión GSI o el Fondo de Fundaciones, son fruto del compromiso e impulso institucional de actores clave entre los que destaca M.ª Ángeles León. Animo al lector a conocer más sobre el movimiento de inversión de impacto.

Sobre el autor

Miguel Ángel Molinero Espadas

Granadino, menor de los seis hijos de José, empresario entre los años cincuenta y ochenta del pasado siglo, y Carmen. Esposo de Carmen y padre de siete hijos.

Ingeniero Agrónomo, máster en Economía y Dirección de Empresas (San Telmo Business School), máster en Diseño y Gestión de Plantas Agroindustriales (Universidad de Córdoba).

Socio director de Rurápolis e Innohelp y Patrono y secretario de la Fundación Somos Naturaleza 2020. Miembro de varios consejos de administración en empresas del sector textil, mueble y agroindustrial.

Recientemente ha sido designado Chair en Andalucía de la organización internacional Vistage, la mayor red mundial de apoyo a directivos de empresas medianas y grandes.

Con más de 20 años de experiencia en puestos de alta dirección de empresas de diversos sectores, ha participado en proyectos de implantación de empresas andaluzas en China, Portugal, Egipto e India. Así mismo, ha dirigido unidades de apoyo a la innovación ocupando las posiciones de gerente del Centro Tecnológico del Textil de Andalucía, la dirección del Servicio de las Universidades de Madrid para la Información Tecnológica (SUMIT) y la secretaría ejecutiva de la Red de Fundaciones Universidad Empresa de España.

Al frente de Rurápolis e Innohelp ha diseñado y ejecutado programas de formación de emprendedores en zonas rurales de Cantabria y Andalucía habiendo formado a cerca de cuatrocientos emprendedores y empresarios.

Autor de publicaciones vinculadas con el mundo de la innovación, el desarrollo rural y el sector agroalimentario, cuenta así mismo con amplia experiencia en desarrollo local en áreas rurales habiendo participado en diversos programas de la Unión Europea en dicho ámbito.